中国工程院院士
是国家设立的工程科学技术方面的最高学术称号,为终身荣誉。

中国工程院院士传记
周镜传

中国铁道科学研究院集团有限公司
李木马 黄丽荣 编著

人民出版社

本书编委会

主　　任：蒋　辉

副 主 任：赵有明

成　　员：韩自力　蔡德钧　路海平　朱克菲　杨　锐
　　　　　李木马　黄丽荣　龚增进　欧志强　邓彩屏
　　　　　赵欣欣　熊昌盛　范　君　张千里　陈　锋
　　　　　郭长青　吴　桐　闫宏业　李泰灃　王仲锦
　　　　　卢博祎　史家宁

序言

　　周镜先生是享誉国内外的铁路岩土工程领域的大家，中国工程院资深院士，是德高望重的老一辈铁路科学家。70多年来，周先生孜孜不倦、潜心探索、默默坚守，为中国铁路科技事业的发展与进步作出了卓越贡献。

　　看到这部传记作品，让我想到早年读过的著名作家徐迟撰写的报告文学《哥德巴赫猜想》，著名数学家陈景润的形象，多年以后依然令人难以忘怀。而这部作品，是两位铁路作家为著名科学家画像，书中的主人公是我非常熟悉和尊敬的师长。当年，我在铁科院求学期间，有机会多次当面聆听过周先生的教诲，常常为周先生的拳拳家国情怀、深厚的学术底蕴、老而弥坚的科学追求所感动，对周先生身上所展现出的老一辈科学家的人格魅力和精神风范产生由衷的敬意。我常想，周镜先生的人生履历和事业追求就是一部大书。

　　周镜先生是铁科院1950年建院时就投身铁路科技事业，参与和见证了新中国成立70多年以来铁路发展和科技进步的全过程。铁科院组

周镜传

织力量对先生的学术思想和科研实践开展立体的专题研究和阐发，这是一项利在当代、泽及后学的大事、好事，"人生如镜"非常准确地概括了周先生走过的近百岁的厚重心路历程，对我们所有从事铁路科技工作的同仁具有非常有益的镜鉴和启迪作用，对于弘扬科学家精神、推动铁路科技自立自强具有非常重要的现实意义和深远的历史意义。

周先生德学寿集于一身，是铁科院建院迄今仍健在的老一辈科技大师，为我们留下了许多珍贵的学术思想和精神财富，树立了老一辈铁路科学家的光辉典范。铁路科技界和文化界的同仁要把周先生的学术思想和科学精神挖掘好、学习好、宣传好、传承好，努力为中国铁路推动中国式现代化建设提供强有力的科技支撑和精神动力。

李木马、黄丽荣两位作者，怀着对周镜先生的由衷敬意，以沉甸甸的责任感和使命感，几经寒暑，以饱含深情之笔，忠实再现周镜先生不凡的人生历程和催人奋进的事业追求，字里行间，洋溢着铁路作家对铁路科学家的尊敬和对铁路事业的热爱。

先生之风，山高水长。期颐之寿，可得永年。希望更多的铁路科技工作者以先生为榜样，站在巨人的肩膀上，攻坚克难，踔厉奋发，为国家和民族的发展进步作出更大贡献！

中国工程院原副院长、中国工程院院士　何华武
2023 年 12 月

目录

第一章 艰苦求学少年郎 …… 1
颠沛的童年 …… 1
异常刻苦的中学生 …… 5
战火中的学校 …… 9

第二章 土木系的大学生 …… 13
青年立下鸿鹄志 …… 13
可亲可敬的学长 …… 16
上海交大的同学们 …… 18
难忘的教授们 …… 23
苦乐并存 …… 28

第三章 难忘留美岁月 …… 31
留学俄亥俄 …… 31
当上了"主席" …… 37
公路局的新员工 …… 41

第四章 祖国，我们回来了 …… 47
梁园虽好，非久恋之乡 …… 47

| 归国的邮轮上 | 51 |
| 行走在祖国的土地上 | 55 |

第五章　投身铁道研究所　59
研究所来了年轻人	59
尊敬的茅以升院长	65
严谨的卢肇钧主任	71
创建土工试验室	74
我国第一本《土工试验》规程	78
能啃硬骨头的土木研究组	81

第六章　为岩土把脉的人　85
风餐露宿"土专家"	85
跋涉在青藏线上	95
沙海中探索筑路	100
攻克承重式挡土墙难题	104
智斗乌蒙山区的滥泥地	107
国庆登上天安门	114

目 录

第七章 中国牌知识分子   117
"下放劳动也是一种学习"   117
趁着住院学法语   121
唐山大地震的考验   124
努力把西方理论东方化   128

第八章 在科学的春天里   133
"土力学会"的秘书长   133
走出去，请进来   142
边筑路，边育人   151

第九章 深圳，挑战与机遇   161
铁建所的"学者型所长"   161
深圳，从这里起飞   168
深爱脚下这片土地   174

第十章 老骥伏枥向未来   179
首批院士首倡高铁   179
国务院参事的报告   185

告别"单身生活"	190
金庸迷，霍金迷	195
第十一章　延伸，永远的路基	**203**
硕果，心血凝成的颜色	203
70载情系铁科院	210
延伸，一条永远的路基	215
后记　人生的功课	**219**

第一章 艰苦求学少年郎

颠沛的童年

老先生身材不高，清癯健朗，谦和有礼，神态平和，走在北京的大街上，丝毫看不出有什么特别之处，就是这位平常的老人，在举手投足之间不经意流露出儒雅睿智的气质，如一潭清澈的秋水，让人们感觉到他是不一般的老人。

他就是周镜——中国第一批工程院院士，中国铁道科学研究院研究员，岩土工程专家，中国铁路路基土工技术主要开拓者之一。

形象而准确地说，他是为中国岩土"把脉"的人。

周镜长期从事土的基本性质、路基稳定和软土地基处理技术的研究；提出了按黄土结构力学性质确定路堑边坡坡度的原则、第二滑动面计算衡重式挡土墙上墙土压力的方法及挡土墙后滑动面出现范围的判别式；主持静力触探应用技术研究。就是这位看似普通又温和的老人，为

周镜传

推动中国土力学及岩土工程专业的发展作出了重大贡献。

第一次见到周镜先生，看见他穿一件黑色的毛呢外套，围着一条咖啡色格子条纹的围巾，花白头发，精神饱满，脸色红润，言谈举止之间透着儒雅气派。

年近百岁的老人，依然保持看书看报的习惯；听力很好，平时依然喜欢听音乐；他步伐稳健，能轻松地到超市买菜。与他攀谈请教，更让我们佩服的是，老人思维还是那样敏捷，逻辑还是那样清晰。

一个秋日午后，阳光明媚，天空清澈。走在中国铁道科学研究院的甬路上，两旁的枫树正红，大理菊开得娇艳。曲径通幽，掩映在茂林修竹深处的老式住宅楼，就是周镜先生的家。

他微笑着请来访者落座，为大家倒茶，年轻人哪好意思让这样一位老人给沏茶倒水啊！先生说："你们是客人，倒茶，让我来，我能做。"

先生娓娓道来，谈起自己的出生地，不是祖籍江苏省宜兴市，而是在外祖父家时，老人的脸上写满了沧桑和无奈，他轻轻叹了一口气，说："因为那时候流离失所……"

1925年，国家动乱，时局不稳。军阀混战，民不聊生。那一年的冬天格外寒冷，12月21日，周镜出生在江西省南昌市外祖父家中。那时候，父亲周再澄远在山东中兴煤矿工作，无法照顾妻子和孩子，母亲刘岳芬只得带着年幼的孩子投奔到南昌的娘家。

外祖父家是一个和睦的大家庭，外祖父是湖南人，当时在南昌的高等法院工作。周镜出生时，上面已经有了两个哥哥，大哥周钫，二哥周锷，三年后，弟弟周锐出生。周家四子，名字中都带着金字旁，长辈们期望孩子们经得起千锤百炼，吃得了苦，坚强刚毅，成长成才。

后来的确如此，周家的四个孩子，没有辜负长辈的厚望，都在各自的人生道路上坚韧地成长，新中国成立后更是在各自岗位上发光发热：周钫成为农业专家，周锷为上海铁路局工程师，周镜成为岩土专家，周锐在长沙国防科技大学工作。可以说，经过生活的千锤百炼，他们都成了国家的栋梁之才。

1927年北伐战争激战正酣，时局十分动荡，外祖父调到南京工作。周镜母亲带着孩子们，也跟着老人家迁徙到南京居住。

母亲出身书香门第，从小念过私塾，到新式的学校读小学，进过师范学校。跟父亲结婚前，母亲曾在师范学校教书，婚后持家成了全职家庭主妇。母亲知书达理，善良美丽。在周镜的记忆中，年轻的母亲整日为全家操劳着，母亲的一生全部献给了这个家。

南京的房子，是一处小院落。不大的院儿，被母亲打理得井井有条。花草繁茂，树木葱茏。闲暇时，母亲就教孩子们读书识字。

当时的家住在南京城中卢妃巷，位于秦淮区，南北走向，是南京城内南北道之一，向南直通聚宝门（今中华门），昔日曾是南唐宫城的一角。

7岁，小周镜到了上学的年龄，母亲让他带着弟弟一起去上学，学校离家很近，叫卢妃巷小学。周镜在这所学校度过了两年的时光。

也是这一年，南京发生了震惊中外的"珍珠桥事件"。"九一八事变"后，国民政府推行"不抵抗"政策。全国各地学生纷纷组成示威团赶赴南京向国民政府示威抗议，国民党出动军警对示威学生进行血腥镇压，发生了震惊全国的"珍珠桥惨案"。"珍珠桥事件"激起了全国人民的愤慨，各地学生和爱国群众纷纷举行抗议活动，掀起了反对国民党统治，反对内战，要求抗日的高潮。

时局动荡，民不聊生。周镜的父亲失去了工作。一家人的生活又陷入了困境。

为生活所迫，1933年，父亲又带着一家老小，前往湖北武昌，在湖北省财政厅谋到了一份工作。周镜先是进入武昌市十一小读书，随后又转入武昌市第五小学。

周镜传

父亲的工作，都是靠熟人介绍，亲友帮助，又亲历了国民党政府的腐败昏庸，所以父亲深知没有一技之长之苦，于是他特别注重教育孩子们：长大了一定要学一门手艺，靠自己的本领安身立命。这个素朴的理念，根植在周镜幼小的心田。

在武昌，周镜小学毕业了，而升入初中要经过两次考试，其中一次笔试，一次口试。周镜各科成绩都很好，但是古文却让他很头疼。他至今记得，当年他们考的国文里面有一道题，就是老师拿出一篇古文来叫学生读，通篇的没有段落和标点，要让学生加标点，要让学生断句、读段落，满纸的之乎者也，他磕磕巴巴地根本就没搞明白，很勉强地读完。所以回想起来，那个时候小升初，真是挺难考的。古文这个"瘸腿"科目，成了他后来恶补的学习内容。

后来周镜以优异的成绩考入省立武昌中学，这是一所在当地很好的学校，拿今天的话说，就是省重点了，在这里他一直念到初二。

就这样，十三年间，周镜一家人在江西、江苏、湖北等地辗转，小小的他跟着父母迁居，亲眼目睹了战乱频仍、民不聊生的惨状。漂泊，逃离，无家可归是那时的中国大多数人的现状，是他幼小童年的代名词。

异常刻苦的中学生

1937年"卢沟桥事变"后,抗日战争全面爆发,战火蔓延。之后,南京沦陷,武昌沦陷。中国危在旦夕!

1937年12月,日军攻陷了南京,并制造了惨绝人寰的"南京大屠杀",30多万中国同胞遇难。繁华的六朝古都南京城,血雨腥风之间变成一座空城、死城。

1938年的春节,本应该是欢庆喜气的日子,但是这一年对中国人民来说,却异常沉重,危机四伏的时刻,历史把中国推向了灾难的深渊。此时,华北、华东大部分地区已经沦陷,而当时的国民政府首都南京正在遭受着侵略者的蹂躏践踏,血流成河,惨不忍睹。然而,残暴的侵略者没有停下侵略的脚步,日寇四处出击,在中国土地上骄横跋扈,肆无忌惮,老百姓身陷水深火热之中。

春节,没有丝毫过年的气息。父母愁眉不展,嘱咐孩子们不要外出走远。周镜一家人在惶恐不安中度日。武昌城中一片混乱,商店闭门,工厂停工,学校停课。

在这一年,日军迫近武昌,武昌国民政府机关向长江上游搬迁,父亲再一次失去了工作。

人们四处投亲靠友,纷纷设法逃离武昌。

能投奔到哪里?南京是回不去了。南京正在受难。哪里还有一片安宁的家园啊?母亲想到了自己湖南乡下的老家,刘姓是个大家族,这些亲戚们心地善良、淳朴敦厚,他们能够收留周镜一家人。这时,金陵大学毕业的舅舅刘时荫也因为避难,回到了湖南益阳老家,在一所学校教书。为了不荒废孩子们的学业,于是一家人商议后,就投奔了过去。

从武昌到益阳,一家人几经辗转,走走停停,整走了一个月。

周镜传

好不容易才到了湖南。外祖父在乡下有一处闲置的院子，于是他们一家人就借住在这里。孩子们有机会跟着舅舅到学校读书。

学校是由南京迁往湖南安化马迹塘乡的南京私立五卅中学。南京五卅中学因1925年的五卅运动而成立。1937年12月，南京沦陷前，五卅中学西迁武汉，后转长沙，1938年，为远离敌人炮火，躲避轰炸，学校又从马迹塘迁至桃江县武潭镇天湾村汪氏宗祠，在那个山村办学十余年。

是啊，在那个炮火连天的岁月里，在艰苦卓绝的环境中，中国的教育并没有停下步伐。

还有许多的学校，跟南京五卅中学一样，在我们今天看来是一个陌生的名字，但却是抗战时期中国教育史上一段高亢、悲壮、颇具影响的传奇。流亡在大后方的老师和学生们靠着一股精神动力，把教育坚持了下来。教育不亡，国家就不会亡！

周镜他们去的时候，学校是在马迹塘。马迹塘，一条发源于安化县东山的泥溪，马迹塘街一半在泥溪，一半在资江。当时是益阳最大的集镇，很多逃难的同胞都涌到了这里。

从乡下暂住处到学校所在地马迹塘要走两天，路途很远，他们弟兄几个就跟着舅舅租住在一家农户里。在这"穷乡僻壤"的地方，学习和生活环境很差，校舍就是几间祠堂，再添些破木头桌子和凳子，勉强能够遮蔽风雨而已。

从大城市的学校忽然间到了湖南乡下读书，反差是很大的。不仅是环境不同，还有学习内容的迥异。就拿国文来说吧，周镜他们在湖北学的是白话文，而在这里学的还是文言文，这里的学生古诗词学得好，《四书》《五经》念得非常棒。为了弥补差距，只有通过课外补习了。舅舅对他们要求很严格，每天早晨一起来，舅舅自己磨墨，要写大字、小字，各一页。另外舅舅在墙上写上一首唐诗或者一首宋词，要求他们都会背诵，每天背一首，背会了才能吃早饭。这种方式是很有效果的，周镜的古文水平得到了提高，文学就这样在潜移默化中滋养着孩子们的心灵。

学生们理解到读书学习来之不易，非常珍惜，学校平时是一阵阵朗朗的读书声。清晨，早早起来背语文读外语。晚上校舍一片漆黑，只有教室中闪烁着微弱的灯亮，哪有什么电灯，用的是煤油灯或者菜油灯，连油灯也很少时，他们就点燃松树枝照明，烟雾腾腾的经常是把鼻子、眼睛熏得黑黑的，就连课本也都披着一层黑灰。没有笔墨，周镜他们都自己制作蘸水笔，把笔尖绑在竹竿上，蘸着墨水来写字。这期间的文学教育，为周镜日后深厚的文字功夫打下了基础。

不能当亡国奴，不能放弃读书。在四处辗转逃命的生涯里，周家几兄弟都没有放弃学习，活着，学着。从小养成的学习习惯，贯穿了周镜的一生。

侵略者的铁蹄之下，哪会有一片安静的国土，日寇又来入侵湖南，飞机在天上飞，炮火连天。湖南又成了战场。乡下再不是避风港了，还能去哪里避难呢？父母想来想去，实在无处可去。最后带着孩子只得又回到了南京。在乱世的流离之中，没有过上一天的太平日子，四个孩子是父母唯一的寄托和希望。

1939年冬天，一家人眼前的南京已经不是原来美丽的南京城。这座在抗日战争中最悲惨的城市，已经成为一片废墟，凄凉、破败、落寞。

此时的夫子庙，没有了往昔的热闹繁华，两旁商铺损毁严重，街上行人稀少，一片惨淡光景。

秦淮河的水，不再碧波荡漾，浑浊不清、呜咽哀怨，两岸长满了野草，被摧毁的残破的房屋和城墙仿佛在诉说着心中的愤恨。

中山门，也被日军战火损毁，只剩下断壁残垣，破败不堪。

周镜传

南京火车站，已经成了一片废墟和垃圾场。

断裂的天桥，扭曲的铁路，残破的房屋，满地的砖瓦碎片……更让人气愤的是，每天出入城门口的老百姓，都要被迫向日寇行礼，还要经常遭受挨打受骂的凌辱，老百姓每天过着牛马不如的亡国奴生活，周镜看到眼前的景象，一腔怒火燃烧在心中，他不由得攥紧了拳头。父亲语气沉痛地告诉他们四个兄弟：

"这是中国人的耻辱，你们永远要记住这段历史。你们要永远奋勇前进，自强不息，守护自己的家园不被侵略，咱们不当亡国奴！"

离开南京 7 年的周家，又回到了从前的小院。院子还在，只是没有了从前的生机，萧条、破旧而凄凉，这时的外祖父因病已经去世了两年多。这一年，周镜 15 岁，他长高了，长大了，已经是一位英俊的少年了。

为了养家糊口，两位哥哥曾提出辍学工作，父亲坚决不同意，说："外面这么不太平，日本鬼子到处杀人放火，上哪里去找工作？只要我有一口气在，也要供你们读书。如果青少年都不读书没文化，那国家怎么能强大？国家落后，就要挨打受气啊。"

战争摧毁了家园，战争摧毁了宁静的校园。回到南京后的父亲，辗转托人在南京的一个小钱庄谋得了一份差事。为了不中断他们的学业，一直给孩子们打听着念书的事。他打听到了，自己的老师陈嵘先生开办了一所学校，叫鼓楼中学，很是欣喜。

于是 1940 年春，周镜和二哥、弟弟一起到南京私立鼓楼中学念高中，有意思的是他和二哥同班，因为频繁地换学校，学校又是半年制，分春季班、秋季班，换来换去的，周镜跳级，跳到后来进高中的时候，就和二哥同班了。二哥比他长两岁，个头比他高，这哥俩在班里一起念书，共同成长，直到 1942 年夏毕业。

战火中的学校

周镜就读的鼓楼中学后来又叫同伦中学,其实这两所学校就是我们所知的著名的学校——金陵中学。

结合周镜先生回顾的那段历史,我们从金陵中学校史馆看到这段文字:

> 在战火中,南京沦陷,日军肆意实行惨绝人寰的大屠杀,饱受凌辱的南京满目疮痍。金陵大学随迁至四川成都,金大附中——金陵中学迁往四川万县。金陵大学森林系主任——陈嵘教授等留守南京,担起保护校产重任。
>
> 金陵烽火弥漫,百业凋敝,学校停办,无数青少年流离失所,无书可读。为了保护金大校园,让失学青少年继续学习,为了维持留守的教职员工及其家属的生计。陈嵘等同日方交涉,利用金大校舍办中学。1939年下半年,开办金陵补习学校;1940年下半年扩充办学,改名为"鼓楼中学",全面设置普通高中课程。
>
> 留守的老师们撑起了一片天。为挽救生命、组织教育,他们重新拾起粉笔和教鞭,办起了小学堂。
>
> 为保护金大、金陵中学校产,又能让失学青年得以继续学习,陈嵘等人设法将鼓楼中学迁至金大附中——金陵中学校址,更名为同伦中学。直至1945年8月15日,日本无条件投降,同伦中学才恢复原名金陵中学的校名。

回忆起往事,周镜先生深有感触地说:"如果没有陈嵘先生他们办学,我早就成了失学少年,哪里还有今天。"是啊,陈嵘先生等一批爱

周镜传

国人士在炮火中办学救国,殚精竭虑为国家抗战和建设培育人才,这种一心为人民的品德深深地为后人敬仰。他们开辟的课堂,抚慰着苦难中人民创伤的心灵。文明终将战胜野蛮,智慧之光照耀下的民众,长夜之中也不会沉沦,中国的未来依旧充满希望。这时的学校,就是沦陷区中国人的精神收容所,更是对孩子们未来与希望的寄托。

新中国成立后,陈嵘先生把毕生的精力投入林业领域,为绿化祖国献出了巨大努力,堪称我国"林业泰斗"。对于这位恩师,周镜内心始终充满着敬仰,非常遗憾的是,他中学毕业后,就没有机会再跟陈嵘先生见过面。但是,在金陵中学得到的谆谆教诲,他一辈子牢记在心间。

从鼓楼中学到同伦中学,这两年的学校生涯,周镜终生难忘。耳濡目染,他在这里接受了很好的爱国主义教育。

留守下来的老师是一批高素质的教员。学生的思想主要是受到授课教师的潜移默化熏陶,基本倾向完全是爱国抗日的。

在周镜眼里,陈嵘校长和蔼可亲,生活简朴。他平时总是穿蓝布长衫,脚穿布鞋,在校园里漫步,遇见学生总是停下来问问生活和学习情况。

周镜深深地记得这句话,"富贵不能淫,贫贱不能移,威武不能屈,此之谓大丈夫"。这是陈嵘先生给同伦中学的题词,也是他的座右铭。陈嵘当初舍己救护的数万名难民中有数以万计的知识分子和学生、有各行各业的专家教授、医生、工程师、技术人员、文化工作者,后来成为新中国建设的栋梁。如:齐康成才后为国家建筑设计大师、国家学会委员会委员、中国科学院院士。陈振树成为中国石油部教授级高级工程师……

金陵中学是一座花园式的校园,典型的西洋建筑风貌。当周镜踏进校门,就被这所学校深深地吸引了。它创建于1888年,它的前身是美国基督教创办的汇文书院。礼拜堂、钟楼、口子楼、东课楼、西课楼,全都是青墙、红顶、斗拱式窗棂,美轮美奂。最引人注目的当属钟楼,它静静地伫立着,深沉、古朴,嵯峨的钟楼啊,代表着一种传承百年而不朽的精神。

在这所中学，周镜的国文老师是一位老秀才。这位先生讲授南唐后主李煜的诗词，声情并茂，他至今历历在目。"春花秋月何时了？往事知多少。小楼昨夜又东风，故国不堪回首月明中。""独自莫凭栏，无限江山，别时容易见识难。""四十年来家国，三千里地山河。"这些词深深扎在周镜心里，对故国的思念，情真意切，哀婉动人。词人的心境正对应了彼时师生的心绪。

当老师讲授唐代诗人杜牧的《泊秦淮》：

> 烟笼寒水月笼沙，夜泊秦淮近酒家。商女不知亡国恨，隔江犹唱《后庭花》。

在"国破山河在，城春草木深"的环境中，爱国的激情，更引起了师生们的情感共鸣。朴素的爱国思想悄悄地扎下了根。学校的教师们，他们大都爱国家、爱学校、爱事业，他们不顾清贫，不顾个人安危，以满腔热忱，投身于教书育人的课堂。他们在艰苦危险的环境中，呕心沥血地谆谆教导，循循善诱，努力让学生们健康成长。

那时候学校没有课本，周镜数学学的是大代数，就是解析几何之类的，数学老师没有教本，老师都是拿他自己的英文书来教学生。所以周镜从高中开始以至大学，念的数理这些教本都是英文的。这也为他打下了坚实的外语基础。

周镜在回忆中深情地说道："抗战期间，像我的国文老师这样的还有很多，由于时间久远，我已经叫不上他们的名字，但是他们与我们同呼吸共患难的场景历历在目，他们虽然没有名留青史，但是他们崇高的师德和教学业绩永远镌刻在我的心田，师恩难忘，我向他们表示崇高的敬意和无限的感激，我感恩我的母校，感恩我的老师！"

周镜传

说起这段历史，老人眼里闪着泪光。

金陵中学的校训是"诚真勤仁"。诚，诚心向学；真，崇真尚实；勤，勤奋刻苦；仁，仁爱奉献。以诚为本，以仁为怀，勤勉执着，唯真是求，这是学校的品格和精神。严谨治学是学校的优良传统。虽然战乱频仍，但是学校的教学井然有序，毫不松懈。教务处制定了严格的规程，关于考试、成绩、补考等都有规定。高中年级，学习英文，读原版小说，不认识的，自己必须查字典，密密麻麻写在书页上。这两年的课程基础，给周镜打下了扎实的底子。这为他在以后的科研工作中，养成了好的学习习惯，开阔了视野，涵养了自己的人文修养。

学校开设数学、国文、英文等课程。还有体育、音乐、劳作、唱诗等，内容丰富多样，德、智、音、体、美、劳样样不缺。对于唱诗，周镜他们起初很抵触。因为是教会学校，牧师让他们每周去做礼拜，他们不愿意去，就跟牧师找各种借口，提条件，最后牧师答应他们做礼拜可以提供他们一顿早餐。在那个人人都饿肚子的年代，一顿饭的诱惑是很大的，于是他们为了果腹就去应付了。其实现在想来，唱诗，也是一种素质教育。对他们了解西方文化、宗教知识等都是有帮助的。

在学校里，周镜是认真读书的学生，踏实，刻苦。弟弟周锐是活跃分子，瞒着家人偷偷参加了青年军抗日，后来走上革命道路，参军到了中国人民解放军第二野战军。还有一位同学，一直借住在周镜家里，一住就是好几年，在学校就早早地加入了中国共产党地下组织，积极抗日，为党工作，新中国成立后，在南京统战部门工作，他和周镜一家一直来往，是一生的好友。

抗战时期，这些坚挺的中学像一台台巨大的炼钢炉，锻炼熔铸出大批国之栋梁。抗战胜利后，这批学生怀着深厚的底蕴，投身社会，为国家、民族服务，大都成为社会各界的中坚力量。

第二章 土木系的大学生

青年立下鸿鹄志

1942年秋天,周镜中学毕业了。周围的同学,有的从军,有的工作,有的返乡教书,有的选择继续深造。

周镜一直认为,自己从来不是那种"有进取心"的人,从没想过要成名成家,只想如父亲所说,"学一门手艺,有一技之长,做一个对国家有用的人"。这期间,父母建议他学医,因为当医生可以给人治病,救死扶伤,为黎民百姓服务。周镜也考虑过,想走医学救国之路。然而就在他犹豫不决时,好友告诉他:"学医首先胆子要大,要学解剖,你不害怕吗?你能行吗?"周镜想想,吃苦自己从来不怕,但是医学这行,还是要有天生的胆量。光有一颗救死扶伤火热的心是远远不够的。

他数理化成绩很好,动手能力也很强。想想,万物离不开大地,人类生产生活离不开土壤。尺木寸土,都是有灵魂的。如今,自己脚下的

周镜传

热土,美丽的山河被侵略者践踏蹂躏。山河哭泣,万物悲哀。那被炸毁的桥梁,那被摧毁的铁路,那被毁坏的房屋,人们赖以生存的家园,都成了一片废墟。过去,他只是从老师那里听说过甲午战争给中国人带来的屈辱,听说过八国联军在中国这块土地上犯下的侵略罪行。如今,他亲眼看见略强侵略国土、杀戮百姓,他亲身经历着流离失所,体验到了亡国的威胁。他的成长是伴随着动荡逃亡、炮火硝烟、兵荒马乱而一路走来,民族责任感和忧患意识强烈地冲击着周镜。那自己就选择土木工程专业,无论任何时代,土木工程师从事着世界上最基本也是最重要的工作:那就是建设,努力为人类创造福祉。

从盖房子到建机场,从修桥到筑路,凡是建筑、建设,都离不开土木工程师们规划、设计、建造等。他们用创造力和技术技能,克服了重重挑战,为人们解决了居住、交通、环境、能源等诸多问题。无论是设计还是施工,是研究还是规划,是教学还是管理,土木工程师们在各个领域使这个世界变成更适宜居住的地方。

这么反复一想,学习土木工程专业真是太有意义,太重要了。

中国近现代出现了两位杰出的铁路专家:

中国近代杰出的土木工程师、中国铁路工程的先驱詹天佑。1878年考入耶鲁大学土木工程系,主修铁路工程。主持修建中国自主设计并建造的第一条铁路——京张铁路;创设"竖井开凿法"和"人"字形线路,震惊中外。被誉为"中国铁路之父""中国近代工程之父"。

更有大家耳熟目详的土木工程学家、桥梁专家茅以升。他主持修建了中国人自己设计并建造的第一座现代化大型桥梁——钱塘江大桥,成为中国铁路桥梁史上的里程碑。

也许真的是机缘巧合吧,多年后,茅以升先生竟然成了周镜的老师和领导。他们在中国铁道科学研究院共同奋斗着,为中国铁路的发展和进步,谱写出了一首首动人的诗篇。

第二章 土木系的大学生

1942年的夏天,周镜和他的同学们参加了南京"中央大学"的考试。周镜心中暗暗努力一定要考出好成绩。不久后,《中华时报》公布了录取消息,周镜和另一名同学都被同一所大学、同一个专业录取。周镜对此感到非常高兴,因为他知道自己的努力没有白费。尽管生活在乱世之年,但他的求知之心从未熄灭。

就这样,他愉快而坚定地选择了土木工程专业。他相信这个专业将为他打开更广阔的未来。

周镜传

可亲可敬的学长

1942年秋，18岁的周镜，考入了南京"中央大学"。

当时的国民政府仓皇西撤。在南京的百姓生活在沦陷区，受尽日寇残害侮辱，面对失业失学的严峻现实。

在这种环境中，周镜还能继续读书，已经很幸运了。

在1940—1945年间，就读该校的同学们，除了用努力学习，充实自己的知识储备作为武器以外，从来没有放弃过斗争。学生通过各种社团、互助组织进行进步思想的普及和秘密抗日斗争。清毒运动则是影响更大更深远的学生运动。周镜的同学中，有的后来成为党和国家领导人，有的成了各行各业的栋梁之材，铁路系统就有潘田（原名方焜）、王志遂等，他们怀着一颗赤子之心，勇敢地积极参加抗日活动，周镜从心里对他们非常敬佩。

潘田就是这次学运活动的组织者、领导者之一。对于学长潘田，周镜很是难忘，他们的友谊是纯粹、纯洁的，非常难得。新中国成立后，周镜从美国回来不久，得知潘田也在铁路系统工作，是铁道兵总工程师，这让周镜感到非常欣慰。后来因为工作的关系，周镜跟潘田有了很多的接触。他们为了共同的铁路事业，为了技术上的攻坚克难，他们在铁路建设一线的施工现场一起讨论问题，解决问题。周镜对这位学长一直充满了钦佩。潘田一心报国、为人和善，他是那么的认真负责，是一位典型的老派知识分子。在潘田身上，周镜学到了很多的东西，比如他的组织能力，他的顽强意志，他的爱国思想也深深地影响着周镜。在东南大学校史馆，有关于校友潘田的简介：

潘田，原名方焜，我国著名铁路工程专家、铁道兵科技建设的奠基之一、铁道兵学院的创建人之一，原铁道兵司令部总工程师、副参谋长。1921年生于南京市，1944年毕业于南京"中央大学"土木工程系。在大学期间就加入了中国共产党，对组织南京沦陷区的学生抗日救国工作、发展爱国进步力量等方面有较大成绩。在新中国铁路建设高潮中，身为铁道兵总工程师、副参谋长的潘田，主持参与了多条铁路的建设。成昆、襄渝、青藏、南疆、京通、通霍、嫩林等许多铁路线上都留下了他的足迹。这位中国铁路线上的杰出专家，把毕生的心血撒在了祖国万里铁道线上。

20世纪60年代，江西省向乐铁路的修建工程正在紧锣密鼓地进行着。周镜作为一位科研人员，受邀来到施工现场，与施工单位铁道兵八师的工程师们一起进行科研工作。巧合的是，潘田也恰巧前往了师部，两位老同学在这里意外重逢，格外欣喜。

潘田亲切地询问了周镜的工作、生活以及健康状况，并叮嘱基层连队的战士们要全力配合他们的科研工作。周镜每次到连队吃饭时，都能感受到战士们对他的特殊关照。有一次，他好奇地问战士们为什么为他准备面食，战士们回答说："这是首长特意关照的，因为您患有胃病，不能吃硬的、冷的食物，所以食堂特别为您准备了易于消化的饭菜。"听到这些，周镜捧着自己的病号饭，心里暖意融融。他深刻体会到了潘田学长在工作中的细心关怀和对同志们无微不至的照顾。

在以后与铁道兵的合作中，周镜多次得到了这位学长的关心和帮助。他感慨地说："潘田学长于2002年离我们而去，我参加了他的追悼会，心中无比悲痛。他将永远留在我们的记忆中，成为我们心中永远的楷模。"这段珍贵的友谊和深厚的情谊，将如同历史的长河，永远伴随着周镜继续前行。

周镜传

上海交大的同学们

1945年8月15日，日本宣布无条件投降，经过长达十四年艰苦卓绝的斗争，中国军民终于赢得了抗日战争的胜利。

抗日战争胜利后，南京"中央大学"于1945年9月改为南京临时大学，1946年6月，临时大学撤销，学生分别转入中央大学、上海交通大学、浙江大学等校。在上海交通大学档案馆，"《南洋公学—交通大学年谱》—1946年—丙戌年（民国三十五年）"年谱，同学录"民三十六级"里，就写着王志遂、周镜、周锷（周镜的二哥）的名字。

上海交通大学是中国近代历史最悠久的高等学府之一，它的前身南洋公学成立于1896年，校址在上海徐家汇，这里培养出了钱学森、黄炎培、吴文俊、李叔同、蔡锷、邹韬奋，蔡元培、陆定一等杰出人才。

周镜印象最深的是上海交通大学的校徽，铁铸的校徽置在一座石碑的顶端，是由116位校友于1933年捐资建成，碑的正面镌刻着"饮水思源"，背面是他们的名字。石碑是上海交通大学的地标性景观。校徽图案是1925年2位交大学生设计的：书本、齿轮、铁砧、锤子直白地勾画出工科大学的轮廓，数本平放的传统线装书和竖放的西式现代书籍并列，意为融汇古今、学贯中西；半截铁链象征着要砸断枷锁争取自由，青年学生的心声。

这枚校徽，一直沿用到今天。

当时他们四处借住，在徐家汇中学教室住过很长时间。睡的是地板，打地铺。他们自己分配床位，又自己办起了食堂，解决了吃住问题。生活虽然很苦，但是苦中求乐，文娱活动很活跃。同学之间互相帮助，相处得像一家人，而且学习更加努力、勤奋，学习成绩更加优

第二章 土木系的大学生

周镜（后排右十）在上海交通大学毕业合影

良。经过这段时期的磨炼，同学们的感情越加深厚，情同手足，历久弥坚。

同学、班长王志遂是周镜的好友。他们同是江苏人，在南京"中央大学"土木工程系共同学习。他们在上学时，二人经常讨论交通的话题。王志遂功课好，1944年就在交通大学同学会建设出版社主编的《建设》上发表论文，题目叫《龙潭中国水泥厂近况》，他很有见解和思想。这为日后的铁路事业，埋下了种子。他们在学习上互帮互学，遇到困难共同探讨，后来走上工作岗位后，二人不约而同地选择了铁路系统，作为终生的事业平台。

后来王志遂成为铁路桥梁抢修技术专家，中国战备桥梁器材研制开拓者之一。他曾参加战争与灾害中的铁路桥梁抢修，长期主持、参与和

19

周镜传

领导铁路军用梁、舟桥、轻型桥墩等多种桥梁抢修器材研制与应用,并发展了浮墩、铁路轮渡等新的抢修手段和技术,在铁路桥梁抢修中发挥了重要作用。

王志遂和周镜二人身上有很多共同点,那就是为人低调,不讲自己的技术成就,不讲自己的历史功绩,淡泊名利,人格高尚。每当谈起这位老同学,周镜的眼里都闪烁着莹莹泪光。

2008年底王志遂因病去世,周镜非常悲痛,为纪念这位老同学,周镜饱含深情地写下了一篇文章,以寄托自己的哀思。在《缅怀志遂兄,忆往事》一文中,我们仿佛看到了时光倒转,如同一部老电影,两名青年学子生龙活虎地出现在面前。正可谓"恰同学少年,风华正茂"。那是周镜和同学王志遂的青春岁月:

> 志遂和我是1942年同级考入南京"国立中央大学"工学院土木工程系的。我记得入学后不久,校方举办一次有奖数学考试,自由报名参加,他考了第一,我考了第三。因为成绩突出,他作了我们的班长。
>
> 志遂出身苏州书香世家,不仅国学根基深厚,且写得一手好字。抗战胜利后,我们从读书的南京"国立中央大学"土木工程系被转到上海的国立"临时大学",当时电机、土木工程和化工系同学们集体住在徐家汇中学的一间大教室里,打地铺,一个班级组成一个方阵,生活很丰富。陈钥会弹吉他,池元又则经常引吭高歌。志遂那时非常活跃,积极参与学生运动。第二年,我们进入上海交通大学的一部分同学迁到当时跑马场附近一所学校借住,志遂则在交大学生宿舍找到一张床位,以便更好参与当时的学生会活动,后来他被全校师生推荐为代表作为上海交大学生晋京代表团成员赴南京请愿。1947年,我们一起从上海交通大学毕业后,他和我又一

第二章 土木系的大学生

同在南京交通部机械筑路总队一大队实习,参加修建南京—汤山公路。他分在四分队,我分在七分队。那时,我的家在南京,两人都是单身,因而周末,他经常到我家里来。1947年冬,我去美国上学后,我们经常保持紧密联系。他再次考取庚款留学后,我还曾为他办理好去美国俄亥俄州立大学读书的入学手续,后因国内政治时局变化,他未能成行。

1950年秋,我回国参加建设,经香港抵广州,第一个遇到的同学就是志遂。他当时在广州工作,专门来接我。抗美援朝后,志遂从朝鲜回国后,在铁道兵总部工作,我在北京铁道科学研究院工作,同在铁道建设行业,因而经常有机会见面,特别是改革开放后,更是经常往来,但是他很少谈及他在工作上所取得的成绩。他就是一位谦虚,低调,待人真诚的人。

原南京公立中央大学现为南京大学,在母校百年庆典时,我俩相约一同去了南京,在母校北大楼前合影留念,追忆往事。每年春节前后,我们都要在家里聚会,志遂还是一位烹饪能手。2009年元旦前,正想与他联系,却不料接到他病危电话,即赶往医院,已只能隔窗探望,未能亲口慰问,67年的友情,思念之余,怎不哀伤……

是啊,看了这段饱含着深情厚谊的文字,浓浓的同学之情跃然纸上,成为他们彼此生命中的感情矿藏。他们情同手足,在铁路事业上共同努力,积极向上,奋发图强。在以后的岁月里,他常常追思和缅怀这位从一进大学就开始认识的好朋友。

他对王志遂爱国主义事迹和对铁路事业无私奉献的精神非常钦佩,从内心认为他是知识分子的杰出代表。

周镜从事的是铁轨下的工作,岩土、地基等,表面看不见的工作;

周镜传

王志遂从事的是铁轨上的工作，桥梁、桥墩等，一眼就能看见的工作。铁道线的一粒土、一座桥啊，凝结了他们多少心血和汗水。他们实现了当年的誓言，为了祖国的繁荣昌盛，为了祖国的建设事业奋斗一生，以自己的实际行动诠释着对祖国的热爱和忠诚。

第二章 土木系的大学生

难忘的教授们

"交通"之名取自《易经·泰卦》，其曰："天地交而万物通也，上下交而其志同也。"天地之交是最大的"交"，是万物大"通"之时，这也正是上海交通大学之所以命名为"交通"所蕴含的人文精神和办学理念。老校长唐文治先生的格言：欲成学问，当为第一等学问。欲成事业，当为第一等事业。欲成人才，当为第一等人才。而欲成第一等学问、事业、人才，必先砥砺第一等品行。这段文字，周镜一生谨记着。

在上海交通大学，师生们虽然身处逆境，但学习研究之风却很盛行。在各个学院和系部，经常会举办各类讲座，邀请国内外知名的专家学者来校进行授课，为学生们提供了一个了解最新学术动态和交流思想的平台。学生们还创办报刊，发表研究体会心得。

他们的课堂笔记、学习笔记，都是厚厚的一摞，有很多教授在笔记上精心批注，鼓励和督促学生努力学习。

当时上海交通大学的考试制度非常严格，分为学期考试、临时考试、补考、甄别考试、会考等五种形式。考试题目数量多且难度大，即使是那些万里挑一的优秀学生，要想在考试中取得八九十分的好成绩也是相当困难的。因此，60分的及格线就成了大多数学生的期望目标。然而，在那两年里，周镜的各科成绩都保持在八九十分的高水平。在周镜的记忆中，他清楚地记得大学时期有两门课程的要求非常严格，一门是结构力学，另一门是材料力学。这两门课程的难度都相当高，如果学生在其中一门课程中不及格，就需要补考。而如果补考仍然未能通过，那么学生将面临留级的严重后果。更为严重的是，如果这两门课程都不及格，学生甚至可能被学校开除。

周镜回忆说，他的一位同学就因为这两门课程没有通过，最终被学

周镜传

校退学了。这位同学的父亲当时还是铁路局的领导，因此这件事情对周镜产生了深刻的影响。他深知如果不努力学习，肯定会面临严重的后果。

在那段时间里，物质条件相对较差，但一些知名教授们仍然亲自上台讲课，学生们也都刻苦用心地学习。他们的课本和科技专业的书都是英文的，而且考试的题目也都是英文的。在答题时，学生可以选择用中文回答，但如果用英文回答，分数会稍微高一些。因此，在考试时，周镜都会选择用英文来答题。这种做法对他后来的外文学习产生了很大的帮助。

到了大学四年级，学生们开始有了选修课的机会。由于没有教材，选课的老师所讲授的知识都非常新颖。这对学生们来说无疑是一种新的挑战。

教河工学的刘教授是留学德国归来的，因为没有教材，他在课堂上讲授的内容都是基于德文参考书。这种独特的教学方式使得学生们感到困惑不解，仿佛置身于一片迷雾之中。为了攻下这门课，周镜决定选修第二外语——德语。他认为，只有通过学习德语，才能够真正理解刘教授在课堂上所讲授的专业知识。20世纪60年代的某一天，周镜有幸在一次会议上见到了刘教授。面对这位曾经让他苦不堪言的老师，周镜显得特别激动。他走上前去，向刘教授打招呼："刘教授，您还记得我吗？您可把我整苦了。"说完，双手紧紧握着刘教授的手，久久不松开，感恩之情溢于言表。

周镜深得教授陈本端的青睐。陈教授是著名的道路工程专家，举世闻名的抗战公路"二十四道拐"，就是采用了陈本端教授的改善方案，进行了修筑施工，成为我国大后方生命线中最为重要的一条。周镜经常在课上课后提出问题，因而受到了陈教授的注意。陈教授，唐山交通大学土木系毕业，美国密歇根大学土木工程硕士。曾任中山大学教授，公路总局工程总处副处长等职务，治学严谨，和蔼可亲。陈教授学术造诣很深，专长于公路工程和市政工程。正因为陈教授的讲授，周镜得以对交通、交通管理等领域有了深入的了解和认识。这些知识为他后来的科学研究打下了根基，为他的研究之路铺设了一条宽广的道路。

周镜记得1946年暑假，土木工程系学生40余人由杨培琿、陈本端教授率领，赴杭州西湖灵隐寺山峰地区进行大地测量、天文实习。该实习因设备不全，已有两年未能进行，此次得以恢复，同学们倍感振奋、倍加珍惜，取得了翔实真实的数据，为今后的学习研究奠定了基础。

几年后，当周镜留学归国，陈本端教授非常高兴，他把周镜介绍给大连的公路系统，希望自己的学生从事公路方面的工作。周镜内心非常感动，从中可见老师对自己的关心和帮助有多深！陈教授身穿一件旧棉袍讲课的情景和画面，至今仍然深深地印在他的脑海中。

还有一位没有教过周镜的教授，可是周镜却说他永远是自己的老师。他说的是俞调梅教授。

俞调梅教授，上海交通大学土木工程学院毕业。英国伦伦敦大学硕士。曾任东吴大学副教授，中山大学教授兼土木系主任。俞调梅是我国岩土力学和岩土工程学科的开拓者和奠基人之一，也是我国一位著名教育家。我国著名老一辈土力学与基础工程专家。研究方向在国内较早从事土力学及基础工程的研究，专于桩基工程研究。

俞教授在抗战胜利后，从江西中正大学回上海交通大学执教，那时周镜也在校学习，虽无机会亲听讲课，但在后来的专业会活动中，经常得到他的教诲，在周镜心中，俞教授永远是他敬爱的老师。

俞调梅非常注重实践，在学术上一直坚持实践第一的观点，重视从工程实践中总结经验，敢于坦言岩土工程发展中存在的问题。

俞教授经常说："读书，不能死读。有些课程我们也认真学习了，但没有学好。为什么？是因为缺少实践性教学环节，所以只能死记硬背,只能在思想认识上重视这些学科和老师的教导。美国《铁路养护杂谈》杂志登过一篇专业很强的文章,内容很新,很有自己独到的见解,可是作者既不是工程师,也不是大学教授、专家,而是一名养路工人。这说明了什么?实践出真知!"

理论必须与实践结合,这个科学理念,影响着周镜,在后来的科研工作中,一直贯彻始终并得到了更好的发展。

20世纪50年代,周镜又与俞教授相遇共事,是因为共同的专业——土力学,使得他们紧紧联系在一起。那时俞教授是中国土木工程学会土力学及岩土工程分会副理事长,周镜则是该协会的秘书长。这样又有了后来几十年共事的生涯,是一种怎样难得的缘分啊!

1999年,俞教授在写给周镜的一封信中,提到了我国岩土工程发展过程中的几个问题。可见,师生二人,在专业上经常探讨,他们把毕生的精力都用在了专业钻研。俞教授在信里这样写道——

周镜同学:接到了您和卢肇钧两位院士的新年贺卡,谢谢!

看到您在《岩土工程学报》的论文,我想到几个问题,也就是我对于我国岩土工程发展过程的几个问题:

一是我们在30年代学习"圬工及基础"(其实叫"砖石结构及基础"更合适)时,教授裴冠西先生(已故)说过孙宝墀先生曾有"土压力两种理论一致",曾有文载于《工程》。此文我未能阅读。只知道当时很受重视(又闻孙先生已于抗战时期在重庆逝世)。

二是在三四十年代,上海曾重视浚浦局(W.C.B.)及英人办的工部局(S.M.C.)的结果。我们当时学房屋建筑规范,就是学S.M.C.的Code。

……

我知道您一定很忙,不要给我写回信了。我已很"老糊涂"了,专业书报都不能看了。但对岩土工程总还是热爱。如此而已。

这封信，周镜一直珍藏着。

透过发黄的信纸，仿佛看到一位满腹经纶的学界大师在学理追求上永无止境的精神。

周镜抚摸着信纸，沉痛地说："这封信的落款是1999年3月19日，几个月后，俞教授因病离开了人世。但他躺在医院的病床上，还在为专业的兴趣和爱好不懈地追求，真是难能可贵呀！老师一直尊称我这位学生为'您'，他谦虚的人格令我敬仰。"

俞教授早年在英国求学时，与A.W.Skempton教授（英国著名土力学教授）是同学。回国后，也是在国内大学较早讲授土力学课程的教授之一。

之后多年，俞教授和周镜在学术上共同进步。中国土木工程学会土力学及岩土工程分会第一届理事会、第二届理事会名单中，我们看到：

俞调梅，中国土木工程学会土力学及岩土工程分会副理事长。

周镜，中国土木工程学会土力学及岩土工程分会秘书长。

第三届理事会会长，周镜。

此时，俞调梅教授已去世多年。周镜接受我们的采访：

"俞教授对您影响最大的是哪方面？"

"实践！"

周镜传

苦乐并存

1947年，国民党反动派扩大内战，社会危机四伏，民怨沸腾。上海交通大学学生参加了抗议美军暴行的大游行；5月13日，上海交通大学又爆发了震惊全国的护校运动，3000多名学生自开火车赴京请愿。接下来，发生"五三〇"大逮捕，上海交通大学被3000多名军警特务包围，白色恐怖弥漫校园，不断有学生被打、被捕。学校停课，许多同学离开了学校。

这一年，周镜毕业。毕业班的同学更为分散，有的被迫隐蔽起来，有的忙于找工作，有的回到了家乡。没有毕业歌，连拍张毕业照都很困难。

但那支激动人心的歌曲一直响彻在心底：

"同学们，大家起来，担负起天下的兴亡……我们今天是桃李芬芳，明天是社会的栋梁……"

一首歌唱出了他们向往的前程，道出了他们追求的目标。

周镜就这样在心底里唱着它，离开可爱的母校，踏进满目疮痍的社会。

离开学校后的周镜到南京机械筑路大队七分队做实习生。这期间，他和王志遂参加了京汤公路修筑工作，这条公路是从南京中山门外通往汤山的，他们的工作环境是在野外，需要在露天之下进行施工，生活条件艰苦，需要风餐露宿。

有一天夜晚，他们突然遇到了狂风暴雨。幸运的是，周镜所在的分队及时撤离，避免了可能的危险。然而，在其他分队的王志遂却没有这么幸运，他被冲入山沟，浑身上下成了泥人，狼狈不堪，好在没有发生生命危险，想来真是万幸。事后，王志遂跟周镜用玩笑的口吻说："我尝到了泥的滋味。"他们就是这么乐观。周镜说:"苦,不怕,我们都习惯了。真实的人生就是'苦中有乐,苦乐并存'。"

在筑路队实习期间,周镜学会了驾驶汽车。当时并没有专职司机这个职位,也不需要考取驾照。工程技术员们需要开车进行作业、接送工人以及运送材料等任务。因此,学习驾驶并不是强制性的,只要有足够的勇气和胆量,就能够胜任各种类型的车辆,包括小汽车和四轮大卡车。

由于周镜到那里实习,他首先接触到的就是机械操作。为了能够更好地完成工作,他跟随工程师和技术员学习如何操作这些筑路机械。最初,他先从吉普车开始练习,然后逐渐尝试驾驶卡车。通过不断地实践和锻炼,他的胆量逐渐增长,对各种修路机器的操作也越来越熟练。对他来说,这些机器的原理其实都很简单,只是各个部分的操作使用方式有所不同而已。只要掌握了汽车的基本原理,其他的就很容易学会。

然而,刚开始学车的时候,周镜也曾经遇到过一些小事故。有一次,他开着卡车送工人去工地。当时他沿着便道行驶,但因为道路狭窄,平时他开吉普车都能够轻松通过。可是那天,由于卡车的车身较长,加上他第一次驾驶这类车型,缺乏经验,导致卡车前轮过去了,后轮却没有过去,结果车子一下子翻到了田里。幸运的是,这次事故没有造成人员伤亡。虽然当时周镜感到害怕,但他还是检查了一下自己和车辆的安全状况后,继续开车上路了。

另外一次事故发生在他们从城里回到队里的途中。当时一个技术员坐在驾驶座上开车,而周镜则坐在副驾驶位置。当车子行驶到一段高地时,技术员发现前方无法继续前进,于是想要将车辆倒回后面。然而由于地势陡峭,车辆一下子滑了下去。这可是一辆四轮大卡车啊!失去重心的车身迅速朝着周镜的方向倾斜过来。周镜被突然的冲击甩了出去。看到汽车滚下去后,他心里非常惊慌失措。幸运的是,车后没有载

周镜传

人,司机和他并没有受到严重的伤害。尽管胸膜受到了震动而拉裂、增厚并充水,但他并没有害怕和退缩。之后他坚持继续开车。后来当他在美国留学期间,他很轻松地通过了驾照考试,并且开车变得非常自然和熟练。

短短的四个月实习时间,周镜感到迷茫和困惑。修一条路看似简单,其实不然,要修建出平展宽阔的大路,不是只靠力气就能解决的。一粒土就是一个微观世界啊,成千上万粒土就组成大千世界,要想把土弄明白,凭着他目前掌握的知识是远远不够的。

他要学到更多的知识,掌握更多的本领,为今后的发展奠定基础。

1947年,周镜考取了自费公派留学资格,他想走出国门到大洋彼岸的美国去学习深造。

家里人都很支持周镜这个想法,周镜就给曾在美国俄亥俄州立大学留学的堂姐、堂姐夫写了信,表达了他想留学的愿望。很快,堂姐、堂姐夫就来信,索要他的成绩单。就凭着周镜的大学毕业成绩、毕业论文,申请到了俄亥俄州立大学免费研究生的资格。

那时的留学形式有两种,一种是公费留学(包括庚款、国民政府部委、地方政府资助),一种是自费留学,就是间接公费资助,给予平价外汇兑换指标形式留学。

周镜是自费留学。学费是一年50美元。能筹到这笔钱,也实属不易了。当时的物价真是飞涨,钱根本就不是钱了,老百姓这样形容:吃完一碗面的工夫,再要第二碗面时,钱就又上涨了,一点儿都不夸张。周镜大哥已经工作,跟他一起毕业的二哥,也选择了去铁路部门工作。全家人东拼西凑,才凑够了所需。通过政府买的平价外汇,如果在黑市购买,那是很贵的,跟官费差十倍。就这样凑够了所需的外汇,做好了留学的准备。

第三章 难忘留美岁月

留学俄亥俄

1947年12月，周镜在上海登上了去美国的邮轮。此时的他，对大洋彼岸的美国充满了好奇，心里早已打算好，到那里开阔眼界学习知识增长才干，学成归来报效祖国。

周镜买的是廉价的通舱票。那时候所谓的通舱比现在的经济舱条件还差得多。通舱，是邮轮吃水线以下的一间大屋子，也就是轮船上的穷人区。住的是上下铺，人多而杂，潮湿闷热，空气浑浊。同乘这条邮轮的还有其他留学生，绝大多数买的也是通舱票。周镜很快跟大家熟络起来，年轻人在一起有说有笑，聊得很开心。他们尽量在甲板上多待一会儿，看大海，望星空，谈论人生和理想，直到夜晚困得不行了，才回到通舱里睡觉。

航行的第一站是旅顺，游客可以上岸活动和稍事休息，邮轮补给后

周镜传

继续航行。第二站停靠的是菲律宾。经过多天的航行后,到达了夏威夷,中国人也叫它"檀香山"。这里风景优美如画,四季常青。湛蓝的天空,清澈的海水,浓郁的热带雨林风光扑面而来,清爽的海风暖暖地吹来,让人陶醉。而那海水的颜色也随着海岸线的不同而变换着不同的色彩,淡绿淡蓝、深绿深蓝,似乎让人在每一处都可以看到一个崭新的太平洋景观,感觉仿佛进入仙境。这些异国的风景深深地吸引了他们,让他们忘记了旅途的艰辛和劳累。周镜和同船的数十位中国留学生们兴奋地在甲板上合影留念,他们的笑容和快乐的表情,成为这次航行中最美好的记忆。

周镜(第一排左三)留美途经夏威夷,与同船其他留学生合影

邮轮到达旧金山后,有基督教青年会派车前来迎接。随后,同行的中国留学生前往不同的学校,开始了各自的留学生活。去俄亥俄州立大

学的只有周镜一个人。他随身只携带了一只皮箱，由于经济条件有限，无法负担起旅馆的费用，所以他选择住在基督教青年会的招待所里。那时交通很不方便，要辗转几次才能到达目的地。人生地不熟的周镜心里是紧张忐忑的，他先去芝加哥，买的是三等车厢的火车票。到了芝加哥，又经过8个多小时的火车旅程，才到了哥伦布。下了火车，天色已晚，赶紧打了一辆出租车，直奔学校。

当他站在学校的大门口，看到夕阳正缓缓坠落，红砖砌筑的拱形门沐浴在光辉里，一个月以来的颠簸劳顿瞬间得到了释放，他的心也变得宁静下来。他努力抑制住内心的激动，心里默默地说："终于到了。"周镜从此开启了他在异国他乡的留学生活。

美国俄亥俄州立大学是美国一所顶尖的公立大学，位于俄亥俄州首府哥伦布。它成立于1870年，也是美国最大的大学，在美国所有注重研究的大学里，综合排名第15位，算得上是一所名校。

周镜到校时，正是冬季。跟他生活多年的南京比起来，这里可真冷啊！

校园的标志性建筑是总图书馆，它前面是一大片草地，中间穿插着四通八达的人行道。一条河将东西校区隔开。周镜不由得感叹着，这里的风景真美！不亚于许多公园或历史古镇，而且这里处处洋溢着勃勃的生机与朝气。

优雅的环境、古典的建筑、大自然的清新，背着书包的学生们和风度翩翩的教师们，熙来攘往，来去匆匆，构成了一幅幅流动着的风景，美不胜收，令学子们陶醉……

面对眼前校园的美景，他想到了自己千疮百孔的祖国和战乱中朝不保夕的学校，心里不禁涌起一阵酸楚。"我的祖国校园里什么时候能如此宁静美丽啊？那该多么好啊！"他心里期盼着这一天的到来。

周镜住的宿舍，就在俄亥俄河边上，每天都是坐校车来回上下学。

周镜传

宿舍不在学校，周镜住了一段时间后才知道，原来黑人是不允许住进学校里的，这是为了照顾黑人士兵（学生）而修建。他第一次体会到了美国的种族歧视。

入校后，周镜遇到的第一个困难就是语言关。虽然在国内读中学、大学时，他的英语成绩一直名列前茅，但是那更多是纸上谈兵，真正到了美国，他那磕磕巴巴的英语水平，很快招来同学的嘲笑。

第一次，他去学校食堂吃饭，那些菜都很贵，在众多的菜谱里，他看到芥菜还算便宜，他就想买一份，可是他就是不知道它的英文名字叫什么，这个寻常廉价的蔬菜，在家乡随处可见，到了这里竟然贵得吓人不说，他嘴里蹦出的单词都不是它？他跟服务生说了半会儿，人家也没明白他要点的是什么？他的汗都下来了，他只好用手指着菜谱示意服务生，买到了它。他窘迫得脸都红了，拿上这份菜，回到宿舍，赶快去查字典，终于找到了它的英文名字：leafmustard。

第一次上课，老师说："下个礼拜要quiz。"当时周镜没有听懂quiz这个单词，不明白老师说的是什么，就没当回事。结果到了下礼拜考试的时候，他傻眼了。老师提问："指定的书读了没有？"他这才明白quiz的含义。

看来，必须尽快突破语言关。每晚回到宿舍，就不停地听收音机，自己听不懂的词都记下来，要么查字典要么向人请教。他有

周镜在美国读书期间留影

意主动地跟同学多谈话，多交流，不光了解异国文化，同时增强自己的听说能力。过语言关，没有捷径，不懂就问，敢开口，就是很好的途径。很快，他的英语口语和听力不知不觉中都有了很大提高。

在这里不得不说说吃饭，吃饭是个大问题，可是周镜根本不敢进食堂，不是害怕什么，是吃不起。一顿饭，要花不少钱，没办法，周镜只得到商店买面包、牛奶、午餐肉的罐头来填饱肚子，反而这些倒是很便宜的。就是这些食品价钱不贵，他也不是经常吃，只是做到肚子不太饿而已。就是这样勒紧裤带过日子，大部分时间都泡在图书馆里。

周镜最喜欢的就是学校的图书馆，规模大，藏书多，在那里读书，有在知识的海洋里遨游的感觉。

在这里他选择了土木系。因为那时美国大量地修公路，美国城市进入发展的新时期，学校专门成立了公路研究试验室。他的导师就是专门从事公路研究的。周镜认为这门课很有用处。对土木工程来讲，不论是建筑、公路、铁路、水利都需要这门课。修房子需要地基，修铁路修公路要填土方，修水利要筑坝，这都是和这个专业有关的。而在这方面，当时国内并没有深入，还没有当成一门学科来学习、研究土，这就是他选择学土木系的原因。

他还选了一门没有学分的课程：演讲。因为他觉得自己英文表达不太理想，这门课，没有学分没有考试，一礼拜上一次，老师让学生阅读一些东西，让学生读念，再谈谈自己的想法。课堂氛围轻松，这对他的英语口语表达很有帮助。

在这里他体会到了美国老师的教授方式：老师会经常提出问题，给学生提供参考书，让学生自己去查找阅读。这种方式很锻炼学生自学和阅读能力。作为研究生，你要跟导师定下你的研究主题。题目定下后，要先写一个述评，把跟这个题目有关的、在公开杂志发表的文献一一找出来。这些文献要呈现给自己的导师看，导师会很认真地阅读。一次找

周镜传

不全，老师很不客气，非常严肃地要求你，再接着找去。所以，每天除了上课，就是去图书馆，周末看电影、逛街、旅游，对于周镜来说，那是根本不可能的事情，哪里有心思消遣，哪里有时间呢，他每天就是两点一线生活，从宿舍到学校，从学校到宿舍，把全部时间都用在了学习上。

"学而时习之，不亦乐乎?"这句古语，周镜在俄亥俄切身体会到了，他感悟最深，那就是重实践，勤思索，才能如鱼得水。

功夫不负苦心人，第一学期结束，周镜以优异的成绩赢得了老师的青睐和同学的尊重。导师对这位文质彬彬、儒雅谦逊的中国小伙子刮目相看了。

周镜不仅基础知识扎实，而且做试验动手能力也强。他做起试验来，方法灵活，仪器设备被他摆弄得得心应手。暑假时，导师介绍他在交通部公路局材料研究所打工，工作就是做土工的试验，他经常埋头于试验就是一整天，那种投入和不倦钻研精神，也深得大家的喜爱。

因为有了这份临时工，周镜的留学生活慢慢得到改善。正是这份打工的经历，使得他掌握了很多的专业知识，为后来回国发展做好准备。

就这样，他靠打工，靠自己的奋斗，养活自己。

当上了"主席"

"烽火连三月,家书抵万金",那时国内战火连天,那些远在大洋彼岸的游子们,无法跟家人飞鸿传书,他们只能依靠彼此的慰藉和支持,抱团取暖,以更加团结和相互帮助的方式来度过那段艰难的时光。在俄亥俄的第二年,周镜在学校被推举为"成社"中国同学会主席。对于"主席"这个职务,周镜经常笑着说:"我也不知道怎么当上的,可能因为资格老一点,阅历深一些的缘故吧。"

在那个时期,在美国的中国留学生数量并不多。在俄亥俄州立大学,有几位中国留学生,他们是饶鸿雁、闵恩泽和陆婉珍等人。他们之间的相处关系非常融洽,就像一家人一样。闵恩泽和陆婉珍这对夫妇,就像是两颗璀璨的星星。他们都是年轻的博士,他们的结合就像是天作之合,这在中国留学生中传为佳话。他们的婚礼是由周镜和其他同学一起筹备的,周镜还担任了男傧相的角色。那天,在大洋彼岸,美丽的新娘穿着自己缝制的婚纱,西装革履的新郎神采奕奕,一群年轻人簇拥他们,喜气洋洋,幸福地笑着。

闵恩泽,一个响亮的名字,中国石油化工催化剂专家,中国科学院院士、中国工程院院士。他是中国炼油催化应用科学的奠基人,石油化工技术自主创新的先行者,绿色化学的开拓者,被誉为"中国催化剂之父"。2011年一颗小行星被永久命名为"闵恩泽星"。

陆婉珍,分析化学与石油化学家,中国科学院院士,长期从事分析化学及石油化学的研究工作,以及近红外光谱仪的研制及应用。

他们夫妻二人被称为"院士伉俪""科坛佳偶"。他们的科研精神和对科学的热爱,赢得了人们的广泛尊重和赞誉。

闵恩泽比周镜来得晚,在学校,周镜自然就是老大哥了。他们很快

周镜传

周镜（右四）与闵恩泽、陆婉珍等在美国留学期间合影

就认识了，彼此尊重，相处愉快。度过了难忘而愉快的留学岁月。

自从担任中国学生会主席，周镜的生活就更忙了。他的主要任务是团结和凝聚在异国他乡的中国留学生们，让他们在这个陌生的国度里不再感到孤独和思乡之情。他希望建立一个温馨的大家庭，让这些风华正茂的年轻人在这里感受到彼此的关爱和支持。这些留学生们都非常珍视友谊，他们是一群团结向上的年轻人。这些兄弟姐妹，在他乡相遇，就是最好的缘分。周镜觉得自己有责任承担起这份重托。

尽管这个中国学生会组织并不是严格意义上的社团组织，没有固定的经费、规章制度和会员登记制度，但它却成为中国留学生们紧密联系的纽带。在美国的中国留学生组织中，有两个较为知名的组织，分别是留美科协和北美基督教中国学生会。而周镜所在的俄亥俄州中国留学生人数相对较少，因此他们自发成立了这样一个相对松散的学生会组织。这个组织与宗教信仰无关，主要致力于开展学习和联谊活动，帮助留学生们更好地适应在异国他乡的生活。每当假期来临，周镜总是积极地组织中国留学生们聚在一起。他们会在户外尽情地谈笑风生，漫步在俄亥俄河边欣赏美景；也会在公园里弹奏琴声，高歌一曲，或是吟咏诗篇。

是啊，家是什么呢？在周镜他们心里，中国留学生围坐在一起，就像一盏中国式的红灯笼，丝丝缕缕的光芒笼罩在每个人的心头，温馨而

周镜在美国读书期间留影

周镜传

美好。为了让大家感受到这个集体的温暖和力量,周镜不遗余力地组织了各种丰富多彩的活动,包括专业知识分享、文娱表演等,让每个人都能在这个积极向上、团结友爱的大家庭中找到归属感。他希望展现出中国留学生在俄亥俄州的精神风貌,全面展现他们的才华和风采。

他具有很强的组织能力,他总是能够充分发挥每个人的特长。例如中国留学生中有一位同学有汽车,周镜就让这位同学很好地发挥作用:开车去接其他学校的留学生来活动;闵恩泽夫妇结婚,这辆旧车就被他们装扮一新,成为最美的花车,在美国的大街上,载着一对中国新人奔向幸福的生活。

这就是周镜作为这个团队"老大哥"的使命。这个使命并非别人赋予他的,而是他自己主动承担的。尽管他付出了很多精力,但他收获的却是无价之宝:那就是真挚的友谊和共同成长的喜悦。

公路局的新员工

天道酬勤，周镜用了一年的时间，顺利通过论文答辩，获得了硕士学位。

这篇论文的主题是关于城市交通的。周镜在上海交通大学学习时，就深受陈本端教授的影响，陈教授讲授的公路学，给他打下了扎实的基础，他对这门学科产生了浓厚的兴趣。

二战后的美国，为了适应战后的经济恢复和发展，拆除了很多铁路，修建了大量公路。这使得公路事业在美国有着广阔的发展前景。周镜对此有着深刻的认识，他认为公路事业的发展对于社会的进步有着重要的推动作用。

在俄亥俄州公路局材料研究所做的工作，是周镜职业生涯中的一个重要阶段。在那里，他开展了土壤与柏油的研究试验。这些试验不仅提高了他的专业技能，也为他后来的学术研究提供了宝贵的实践经验。每年暑假的三个月时间，周镜都在俄亥俄州公路局材料研究所打工。因为研究所的人对这名中国青年印象很好，所以在他毕业时，那里正需要工作人员，于是也就免去了应试环节，作为研究助理，直接就去工作了一段时间。因为周镜是外国人，他们不给发正式的工资，给的只是打工费。但周镜依然很高兴，虽然工资比正式员工低很多，可这毕竟是他在美国谋到的第一份工作。校友饶鸿雁也和他一样在这里打工，两个人有一种惺惺相惜的感觉。

饶鸿雁，四川资中人，俄亥俄州立大学理学硕士。回国后历任北方交通大学副教授，交通部技术委员会委员、公路科学研究所学术委员会副主任、高级工程师，中国土木工程学会土力学及基础工程学会第二届副理事长，道路工程研究方面的专家。周镜和他1950年同坐一条船回

周镜传

国,周镜进了铁路系统,饶鸿雁进了公路系统,之后在工作中二人多有交集,"交通"两个字把他们紧密联系在一起。

周镜白天工作,晚上继续在学校读书,上夜校。一是他认为自己需要提高,二是他为回国做着准备。他如果回国的话,以所在学校的学生身份申请,美国政府就不会阻拦,路费、船费都是免费的。周镜说:"在美国,上夜校是非常普遍的现象。许多已经参加工作的人,为了提高自己的知识和技能,弥补工作中的不足,都会选择在晚上去大学里上课。在这个知识更新日新月异的时代,如果不去学习,就跟不上社会的发展步伐。"在夜校,他选修的是数学这门课。当初入学时,虽然他的成绩单,每门功课都是 B 以上,系主任很满意。但是他的导师要求更严格,认为他的基础还不够扎实,还要在基础课上下功夫。

他对数学有着浓厚的兴趣,但是在国内大学的学习过程中,高等数学仅仅教授到微积分的部分,像偏微分这样的知识他并没有接触过。直到他来到这个学校,他才意识到自己与其他人在这方面的差距是如此之大。为了弥补自己在数学基础知识上的不足,他决定选修数学这门课

周镜的《用或然率计算车辆在路口的时间损失》论文

周镜在美国俄亥俄州大学硕士学位证书

程。在这门课程的学习过程中,他付出了极大的努力,不断地学习和积累。这门课程为他后来的科研工作提供了很大的帮助。他一直认为:"如果我不是学了偏微分,可能连论文都完不成。毕业论文是《用或然率计算车辆在路口的时间损失》。因为在论文里,需要数学,这是一笔复杂的经济账,需要用或然率来评估,这条路是否需要修立交桥。还有我回国后从事岩土力学研究,偏微分就经常用到了。这些完全得益于那时候的夜校学习。"

一边工作,一边上夜校,每周五天工作日都安排得满满的,紧张而充实。周镜想:来美国的目的就是读书,一定练就一身本领,就回家去,报效祖国。

他的上级是一名工程师,他有一头黄色的卷发和白皙的皮肤。他对周镜很友善,这位工程师还热情地邀请周镜去他家过圣诞节。

在过去的圣诞节里,周镜都是到导师家里度过的。导师和其他的教授都非常认可周镜的学识和能力,他们对待周镜非常友好和热情,这让周镜深受感动。

当周镜第一次来到这位工程师的家时,他发现他们住在一个黑人区。他立刻明白了其中的原因。之前他从工程师的肤色上并没有看出他的血统。原来,这位工程师有黑人的血统,因此在美国是不能住在白人区的。这位工程师向周镜解释说:"我和你导师是同班同学,他是白人,所以可以成为教授。而我呢,由于身份的原因,再怎么努力也无法改变现状,最多只能做到这个职位了。"这就是美国的种族歧视啊,不是亲眼所见,周镜根本没想到,美国社会会是这样的情形。

他想到自己在美国读书的这几年,似乎就没有好好地理过发。理发费太贵,理不起也是一方面。学校有学生中心,在那里可以理发,他头发太长了,才进去简单地修修边。学生中心经理和周镜的堂姐夫是同班同学,周镜就问经理:"为什么黑人不能进来理发?"经理说,"法律上

周镜传

是允许的,但服务人员可以拒绝为黑人服务。"而大学里的电影院,也是不准黑人进去。可是黑人可以在饭店做服务员,为白种人提供服务。这一切,让善良、正直的周镜心里五味杂陈。

当周镜拿到了薪水,他想做的第一件事,就是买一辆车,为了代步。可是凭一己之力短期内不可能实现。几位中国留学生一商量,把钱凑在一起就够了,于是他们合资买了一辆二手汽车。这样的话,他们几个人可以开车上下班了。

应该说年轻的周镜是中国人较早的"有车一族"。有了车的周镜,业余时间开着车去其他城市观光,看望其他中国留学生。路上的自然风光和美丽景色他不记得了,但是美国的贫富差距和种族歧视深深地烙印在他心里。

在纽约穷人区,他看到了无处安身的美国人,衣衫褴褛、蓬头垢面,晚上没地方睡觉,用硬纸板搭了个纸房子,睡在马路牙子上。这跟之前他看到的繁华整洁的城市景象截然相反,原来美国竟然有这么贫穷的人。堂姐夫告诉他:"这是纽约的穷人区,美国贫富差距很大,富的真富,穷的真穷,穷人根本看不起病、上不起学呀。"周镜沉默着,半天没有说话。

在美国南方城市,电车都是两节,白人坐在前面一节车厢,黑人只能坐在后一节车厢里。那时美国南方还有三K党,他们对待种族的态度是:"白人永远正确,黑人往后站,黄种人靠边站。"目睹这番情景,周镜心里有一种莫名的哀伤,挥之不去。

"在美国感觉自己永远是二等公民。我看到了美国种族歧视的现象,更使我认识到一个人、一个民族如果不能自强自立,就会被人欺负。当然美国现在的种族歧视现象有很大改观,二战期间中国是战胜国的同盟国之一,所以胜利后美国老百姓对中国学生是友好的。但作为有色人种,生活在那种环境下,心里很不平衡。"

多年以后,当有人向周镜提出疑问,为什么他们这一代在海外的留学生并没有盲目崇拜和追求外国的一切,周镜给出了他的答案。

他深情地回答说:"我有了这段在国外学习和生活的经历,深深地体会到了一个道理。那就是,只有我们的祖国强大起来,繁荣昌盛,我们这些海外的侨胞才能真正地挺直腰板,扬眉吐气。因为我们知道,无论我们走到哪里,我们的根都在中国,我们的心都向着祖国。在自己的国土上生活,那种踏实的感觉,那种内心的满足感,是任何其他地方都无法比拟的。"

第四章 祖国，我们回来了

梁园虽好，非久恋之乡

周镜和周小松是在同学会上相识的。

来自武汉的周小松在加州大学读书，她祖籍湖南长沙，父亲是武汉大学第三任老校长周鲠生先生。同在异乡求学，二人相识后，互留通信地址，鸿雁传书，有了更多的了解，因为心中有共同的理想与家国情怀，两颗年轻的心也越来越近。

周小松是家里最小的孩子，姐姐、姐夫在英国留学，毕业后双双回到祖国的怀抱，父母双亲都在祖国，年事已高，她很是惦念。家乡的亲人和山山水水一直萦绕在她的心中，这种思乡之情无处倾诉，好在身边有了知音，她孤独的心才有了温暖的港湾。

两人在通信中，周镜一再表示要回国的决心。

1949年，新中国成立了，一个崭新的中国屹立在世界的东方。然

周镜传

而这些消息，周镜他们这些海外学子，知道得却很少。只能通过间接渠道断断续续地得知一些消息。此时，还拿着国民政府护照的他们成了无国籍的人。

为了了解国内的情况，周镜他们通过一名女同学，请来了一名美国牧师。这名牧师最近才从中国回来，他非常清楚中国的形势。

牧师给周镜他们讲了许多新中国的事情，讲了共产党为老百姓做的种种好事，穷人翻身得解放了，国内焕然一新的面貌。那一天，牧师讲了很多很多，周镜心里非常激动和兴奋。

这期间，有许多高级知识分子，放弃在国外的优厚待遇，冲破各种阻力，毅然奔向祖国的怀抱。更加坚定了周镜回国的信心。

1950年2月，携家人归国途中的华罗庚，于香港通过新华社向全世界发表了一封《致中国全体留美学生的公开信》，秉笔直陈海外赤子归国心声：

> 朋友们，不一一道别，我先诸位回去了，我有千言无语，但愧无生花之笔来一一表达出来，但我敢说，这封信中充满真挚的感情，一字一句都是由衷心吐出来的。
>
> ……
>
> 讲到决心归国的理由，有些是独自冷静思索的果实，有些是和朋友们谈话和通信所得的结论。
>
> 我们怎样出国的？也许以为当然靠了自己的聪明和努力，才能考试获选出国的，靠了自己的本领和技能，才可能在这儿立足的。因之，也许可以得到一结论：我们在这儿的享受，是我们自己的本领，我们这儿的地位，是我们自己的努力。但据我看来，这是并不尽然的，何以故？谁给我们的特殊学习机会，而使得我们大学毕业？谁给我们所必需的外汇，因之可以出国学习。还不是我们胼手

第四章 祖国，我们回来了

胝足的同胞吗？还不是我们千辛万苦的父母吗？受了同胞们的血汗栽培，成为人材之后，不为他们服务，这如何可以谓之公平？如何可以谓之合理？朋友们，我们不能过河拆桥，我们应当认清：我们既然得到了优越的权利，我们就应当尽我们应尽的义务，尤其是聪明能干的朋友们，我们应当负担起中华人民共和国空前巨大的人民的任务！

现在再让我们看看新生的祖国，怎样在伟大胜利基础上继续迈进！今年元旦新华社的《新年献词》告诉我们说：一九四九年，是中国人民解放战争获得伟大胜利和中华人民共和国宣告诞生的一年。这一年，我们击破了中外反动派的和平攻势，扫清了中国大陆上的国民党匪帮，解放了全国百分之九十以上的人口，赢得了战争的基本胜利。这一年，全国民主力量的代表人物举行了人民政治协商会议，通过了国家根本大法共同纲领，成立了中央人民政府。这个政府不但受到全国人民的普遍拥护，而且受到了全世界反帝国主义阵营的普遍欢迎。这一年，我们已得到了相当成绩。

中国是在迅速的进步着，一九四九年的胜利，比一年前人们所预料的要大得多，快得多。在1950年，我们有了比1949年好得多的条件，因此我们所将要得到的成绩，也会比我们现在所预料的更大些、更快些。当武装的敌人在全中国的土地上被肃清以后，当全中国人民的觉悟性和组织性普遍地提高起来以后，我们的国家就将逐步地脱离长期战争所造成的严重困难，并逐步走上幸福的境地了。

朋友们！"梁园虽好，非久居之乡"，归去来兮！

总之，为了抉择真理，我们应当回去；为了国家民族，我们应当回去；为了为人民服务，我们应当回去；就是为了个人出路，也应当早日回去，建立我们工作的基础，为我们伟大的祖国的建设和

周镜传

发展奋斗！

朋友们！语重心长，今年在我们首都北京见面吧！（文章来源：《文摘报》2019年2月28日）

周镜听到了，周小松听到了，饶鸿雁也听到了……这封公开信不仅在当年的留美学生中产生了极大反响，更激励了其后一代又一代海外莘莘学子学成归来，为新中国发展建设出力。

几个月之后，周镜和周小松并肩挽手踏上了归国的航程。

第四章　祖国，我们回来了

归国的邮轮上

1950年8月31日，周镜他们从旧金山乘坐"威尔逊号"，离开美国。

在这艘邮轮上，有120多名中国留学生、学者和他们的子女，其中包括后来成为中国"原子弹之父"的邓稼先，中国核事业的先驱赵忠尧，以及钱学森的学生罗时钧。同行的还有涂光炽、涂光楠、饶鸿雁、王传志、范恩锟、池际尚、郑象铣、茅以美等。此次航行，是20世纪50年代初留美回国潮中，同船回国的人数最多、国际影响最大的一次航班。虽然周镜、周小松坐的还是简陋的通舱，可是跟来的时候不一样，他们心情非常快乐，跟大家在船上唱歌、跳舞，欣赏沿途美丽风光。

1950年周镜（后排右十）搭乘"威尔逊号"轮船归国途中合影

周镜传

回国心切的他们，原本想着顺利回国，没想到，真是历经千辛万苦，这条邮轮上发生的事，令周镜终身难忘。

9月的一天，轮船抵达日本横滨时，船上突然播放广播：由于有客人在横滨下船，要重新调整房间，并要求几名旅客带随身行李，搬到指定的房间……

没有人来搜查周镜、周小松等人的行李，来自加州理工学院的赵忠尧教授等3人被叫上岸，在即将开船的时候，扣留了赵忠尧等3人。

船上的氛围一下子紧张起来，大家感到非常气愤，遂以全船人的名义提出抗议，要求停止检查和无故扣人。(此后，周镜得知，经过多方努力，美国政府迫于国际舆论的压力，在对赵忠尧3人非法关押3个月之后，于1950年11月底释放。)

轮船通过马尼拉的时候，他们没有被拦截，全体人员在船尾拍了一张合影，以此留念。这张照片，周镜一直珍惜地保存着，他经常抚摸着它，隔着时光的岁月，发黄的照片焕发着昔日的光彩。

事后，周镜他们才知道，钱学森原来也准备乘坐"威尔逊号"。但是美国当局极力阻挠，扣查他的行李，被告知不能离境，随着"钱学森案"发酵，美国当局又将触角伸向了与钱学森相关的人员。其后，钱学森经过了5年的漫长抗争，才终于回到了祖国。

在船上，涂光帜等几位同学组织留学生学习，开展自我服务并维护回国权利，他们讨论回国后的专业发展，大家都希望祖国的科学技术强大起来，列强们才不敢小看中国人。

在二十多天的航程中，周镜一遍又一遍在心里思念着亲人的模样，一遍又一遍在心里描绘着祖国的模样。他恨不得一步就跨过大西洋、印度洋。他恨不得一下子就踏上祖国的土地，一下子就站到亲人的面前。

邮轮终于到达目的地香港海域，但港英当局不让轮船直接靠岸，而是让船上的人分乘小船抵达九龙，然后集合起来，让他们徒步走向罗

第四章 祖国，我们回来了

湖，过了罗湖桥才顺利进入深圳。在通道两边武装警察的监督下，他们跨过罗湖桥中间象征边界的铁门。此刻，国境线这边的深圳，红旗飘扬，锣鼓喧天，前来欢迎的人们手拿着彩旗、手捧着鲜花，涌向罗湖桥，人们欢呼雀跃着。他们携带的行李立刻就被抢着拿，握手、拥抱、欢呼，亲切的乡音问候声声，这些漂泊的心啊，立刻被温暖融化了。

当周镜、周小松听到"祖国

周镜搭乘"威尔逊号"轮船归国途中

周镜（右一）搭乘"威尔逊号"轮船归国途中合影

53

周镜传

周镜（前排左七）搭乘"威尔逊号"轮船归国途中合影

"欢迎你"的歌曲时，激动得热泪盈眶。周镜牵着周小松的手，踏上了祖国的热土，啊！久违了，祖国温热的土地。

秋风拂面，天高气爽。他们终于回到了祖国的怀抱，投入到了亲人的怀抱。

"威尔逊号"邮轮的这次充满波折的旅程，给中国带回了一批科学、教育和文化的未来之星，推动了中国的科技发展进程，影响了整整一代的中国学人，中国科技星空因此闪耀着多位院士的星光。周镜——岩土工程专家、中国工程院院士，只是其中之一。他们在中国科技史的画卷上留下了浓墨重彩的一笔。

第四章　祖国，我们回来了

行走在祖国的土地上

回家了！这是所有回国留学生的共同心声。祖国是他们的家，为建设美好家园而奋斗，是他们终身不悔的志向和选择。

令周镜欣喜的是，同学王志遂来接他。这时的王志遂在广州铁路局工作，8月中旬时，广州的报纸上刊登了留学生回国人员的名单，他在名单上看见了周镜的名字，心里非常激动，所以老早就算计着日子，老早就等候在车站迎接老同学了。

王志遂兴致勃勃地和周镜谈自己从事的铁路工作，周镜也更加对未来充满了信心。

周镜与王志遂依依不舍告别，稍作休整，他们一行"海归"学子便分赴祖国各地，投入新中国的建设中。其中绝大部分人被分为去北京和去上海的两大组。因为周小松父亲周鲠生此时在中国外交部任职，周小松的母亲已跟着来到了北京。周小松思乡心切，恨不得马上跟父母见面，所以一对恋人就自然选择了去北京。

到了北京，周小松回家看望父母，周镜则住进了教育部留学生招待所。招待所位于西单的刑部街10号，简单的几间平房，每个房间由自己烧煤炉取暖，吃住都免费。已有一些海外归来的留学生，在这里住着等着工作落实。

此时跟他一起回国的饶鸿雁，已经找到了工作，去了交通部公路局。

好消息更是接踵而来，陈本端教授给周镜寄来了一封信，希望周镜从事公路方面的工作，而且陈教授还把周镜介绍给了在大连公路局的负责人，那边也非常欢迎周镜去工作。

周镜心里更加感激陈教授多年来对自己的培养和帮助。无论自己将

周镜传

来从事什么，绝不辜负老师的厚望和期待。

他知道，自己的履历，将翻开新的一页，自己的人生，将迎接崭新的篇章。

这天，周小松把周镜带到家中，位于北京和平门的一个小院子。

他心里早就对未来的岳父怀着深深的敬仰。

周鲠生先生，在周镜心里早已是大名鼎鼎的人物，他曾任国立武汉大学校长，是著名的法学家。此时的周鲠生先生，在外交部条约委员会办公，还兼任了中国人民外交学会副会长。虽然这些情况，周小松没有特别提起过，周镜也从不过多地询问，但他心里对周鲠生先生很崇拜，要见面了，内心既兴奋又忐忑不安。

没想到，一见面，和蔼可亲的周鲠生先生，打消了周镜紧张的情绪。跟普通人家的父亲没有两样。他非常高兴地和周镜交流，询问周镜下一步有什么打算。

周镜说："我学的专业是土木工程，想在交通领域里发挥自己的一技之长。"

周鲠生告诉他："新中国刚成立不久，国家百废待兴，百业待举，很多方面都刚刚起步。你的想法很好，从做最基础的工作开始，勤勤恳恳地做事，踏踏实实地做人。路，需要自己走，会越走越宽，越走越远的。"

了解了周镜的想法，周鲠生先生告诉周镜："茅以升先生在唐山建了一个铁道研究所，你感兴趣的话，可以去试试。"

周镜当即表示愿意。周小松也非常支持。

年底，周镜和周小松结婚，婚礼就是在岳父家的小院子里举行的，从此，这里也就成了周镜的家。

此后，岳父周鲠生对周镜影响很大。岳父也是苦孩子出身，也是抱着实业救国的理想，先后留学英国和法国，回国后，潜心于国家法学和外交史的研究以及文化教育工作，他还是新中国国际法的奠基人和划定领海宽度的人。在周镜眼里，岳父全身心扑在工作上，一刻不曾停歇。岳父一生都在学习，这点对周镜触动很大。他目睹了岳父自学俄语的过程，那时周镜已经有了儿子，岳父母帮着照看外孙，岳父在百忙当中竟然还挤出时间，查字典听广播，把俄语悄悄地攻下了。

在家里，因为岳父从事的工作既重要又特殊，一家人在一起从不讨论岳父工作上的事情。岳父为人十分谦和，从未见他疾言厉色，也记不得他曾对家里人发过脾气。出现任何问题时，总是见他和颜悦色，谆谆教导，以理服人。岳父是一位谦和儒雅、老派知识分子形象，生活非常简朴，一身朴素的中山装，洗得都发白了，还舍不得下身，总是把衣服熨烫得整洁干净、裤线笔直。

岳父具体都做了什么，周镜压根儿不去打听。直到20世纪70年代岳父去世，外交部请周镜代表家属参加追思会，他才知道了岳父具体所做的工作。比如周鲠生先生对"志愿军""抗美援朝""和平共处五项原则"等军事外交重要名称、提法的研商，都起到了重要作用。周鲠生就是一位低调谦虚的人，一生都在勤勉地为国家工作。周镜深深懂得，岳父对国家的那份情、那份爱。

晚年的周鲠生先生，因为视网膜脱落，做过手术，视力衰退，后来他的一只眼睛已经完全失明，另一只眼睛高度近视。就是在这种情况下，他用了三年的时间，完成了60万字的《国际法》初稿。那个年代没有电脑，周鲠生先生写作时，眼睛都要凑到稿纸上写，没日没夜地爬格子，要查阅大量资料，要对文件索引反复核实、一丝不苟，废寝忘食。他刻苦学习和勤奋工作的精神，令人深受感动。

如今，已进入鲐背之年的周镜，深情回忆起岳父周鲠生先生，敬仰和爱戴之情溢于言表。

"岳父从来没有利用自己的权力和地位，帮过子女什么忙。把我介

周镜传

绍到茅以升先生所在的铁道研究所,是他考虑到能让我学以致用,此后在工作上的事情他从来没有插过手。我要感恩他老人家,穿针引线,使我和中国铁道科学研究院结下了不解的渊源。"

是啊,就这样,周镜的人生跟中国铁道科学研究院紧紧地联系在一起。

第五章 投身铁道研究所

研究所来了年轻人

新中国成立伊始，国家建设百废待兴，伴随着国民经济发展需求，铁路建设事业加速恢复、不断发展。在此过程中，与铁路运营、制造、维修等相关的问题，急需依靠科研技术力量加以解决。解放战争的硝烟尚未散尽，铁道部的决策者们已经开始高瞻远瞩地运筹帷幄。

根据茅以升、唐振绪等专家的建议，铁道部决定整合分散在各地的铁路技术研究机构和资源，筹建一所为全国铁路服务的科学研究机构。1950年3月1日，铁道技术研究所正式成立。所内设土木、化学、金属、电工四个研究组，仪器实验工厂及总务、技术两科。全所职工约80人，其中唐山36人，北京44人。

同年9月，铁道部决定，将铁道部铁道技术研究所改名为"铁道部铁道研究所"，由铁道部直接领导，任命北方交通大学校长茅以升兼任

周镜传

铁道研究所所长，唐振绪、金允文任副所长，领导机关设在北京东交民巷 34 号。

1950 年 11 月的一天，周镜来到北京东交民巷 34 号报到，报到时，铁道研究所给他开具了公函，这封公函至今还保留着。上面的工资，不是一个月多少钱，而是折合成小米多少斤。周镜一个月的工资是 400 斤小米。公函盖的是交通部的章。当时周镜还以为自己的工作单位隶属于北方交通大学呢，因为茅以升先生是北方交通大学的校长。当工作人员告诉他，工作地点不是在北京，而是在唐山时，他才弄明白：唐山工学院与北平铁道管理学院合并为"北方交通大学"，茅以升先生既是校长又兼任铁道研究所所长。他一想到茅以升先生能够直接领导自己了，心里别提多高兴了。

拿着这封公函，25 岁的周镜踏上火车，兴冲冲地来到位于唐山的铁道研究所报到了。

唐山，中国第一条标准轨距铁路——唐胥铁路就诞生于此。唐院，就是唐山工学院的简称，这所历史悠久的铁路工科大学，是多少莘莘学子心中的圣殿。

唐胥铁路东起开平矿务局煤场，西至胥各庄河头煤码头，这条铁路是开平矿务局煤炭专用运输铁路，也是在中国大地上自行建造的第一条铁路。

1878 年，中国历史上第一个采用近代采煤技术的煤矿——开平矿务局成立。因产出的大量煤炭需要外运，李鸿章奏请清政府修筑铁路。但修建铁路的设想，立即遭到清政府守旧派的强烈反对，筑路计划未能实施。

开平矿务局在不得已的情况下，开凿了一条从芦台到胥各庄的"煤河"来解决煤炭的外运。当煤河开凿到胥各庄时，凸起的地势使继续开凿无望，要运煤必须接着煤河再修一段路。李鸿章只好再次上奏修建铁路，但鉴于朝廷"禁驶机车"，在筑路奏请中特别声明，这条路以"骡马拖载"。几经周折，清政府才勉强同意，允许修建唐胥铁路。

1881年6月9日，总长约9.7公里的唐胥铁路工程钉下第一枚道钉，铺设历时近半年，于当年11月告竣，并于年底投入使用。

也是这一年，几位中国工人凭借着英国工程师提供的几张设计图纸，制造出了中国第一辆蒸汽机车"中国火箭号"，火箭象征着速度，也寄托了国人对于铁路建成的热切期望。从此，这块沉睡的土地被汽笛唤醒，中国第一条标准轨距铁路、第一台蒸汽机车诞生，一座与铁路相伴相生的工业城市，成为中国近代工业的摇篮。

唐山，南临渤海，北依燕山，位于冀东大平原上，距离北京200公里左右，但是那时候交通不便，周镜坐着绿皮火车，哐当当地走上大半

铁道研究所唐山旧址

周镜传

天，才能辗转到达目的地。

北方的冬天是很冷的，离开北京的周镜感觉到这里更冷。

一个小院，几间低矮的平房，他和同事们就住在这个院子里。在泥顶土墙的宿舍里，没有自来水，也没有卫生间，光秃秃的木板床上只铺了一个稻草垫子，行李要自己带，脸盆、洗漱用品，也需要自己准备。好在，周镜想得周到，一应物品全都背来了。他把行李卷放下，就去报到，请领导安排工作。

他的工作，领导早已安排好了。跟现在不一样，没有烦琐的程序，就一个原则，因人设室，马上开展工作。你学什么的，从事过什么，好了，到这儿，就给你设个室。接下来的事情，你就看着干吧。

"土木研究组"，周镜不用选择，是工作选择了他。于是顺理成章地担任了助理研究员。

周镜很快就跟大家熟络起来。不仅是繁重的工作，烧水、扫地、做卫生，他都抢着干。但是点炉子这个活儿，是需要技术的，作为南方人，他真是犯了难。宿舍里的煤炉，他总是弄不好，不是忘记添煤，就是封不好火，晚上经常被冻醒。他记得房间的北墙上结着一层冰，整个冬天没有融化，只有靠近南墙的火炉能消除些许寒意。茶缸里的水，一晚上就冻住了，想倒掉都难，要把它放在火炉边慢慢烤化；毛巾也是，早晨起来，想洗脸，一拿毛巾，已经冻成了一块硬咔咔的冰板。

的确，这里的条件很艰苦，但是周镜不在乎。比起小时候兵荒马乱的岁月，这点苦真的不算什么。他坚持用冷水洗脸，每天清晨到唐山工学院校园里跑步，把身上跑出汗，感觉身心像一台机器一样发动起来，回来吃过早饭，就投入紧张的工作。艰苦的环境中，磨炼了他的意志。他一直笃定地认为，干工程的人首先要有好身体，要不然风里来雨里去的，怎么能吃得消呢！坚持锻炼，这个好习惯他保持了一生。

周镜喜爱运动，特别是跑步的时候，身心最放松，看天看地看风景，放松的大脑可以什么都不想，也可以什么都畅快地想，却常常从意识深处突然间冒出个想法来，这时候仿佛一道灵感的闪电在脑际划过，哦，困惑了许久的难题有了办法！

赶紧往回跑，直奔办公室……

后来经常有人问他："当年唐山的条件跟美国的条件相比，可谓是天壤之别。您是一个刚从美国回来的留学生，能适应吗？这个落差也太大了吧。"

周镜微笑着摇着头："我从没有感觉到苦。我在美国只待了三年，感觉自己是匆匆的过客，而回国才像回了家。国内的环境我生活了二十几年，早就了解也早就习惯了，没什么受不了的。再说，比起那些抛头颅洒热血的先辈，我们搞科研吃的这点苦算什么。在铁道研究所，还有许多知名的前辈，人家都没有退缩。我们那一代人都是一心扑在工作上，都是不讲条件的。没有条件，自己创造条件，改善条件就是了……"

能从事喜欢的工作，周镜很知足。在美国时候，他总是不敢去食堂吃饭，因为饭菜很贵，根本吃不起，基本吃不上热乎饭。在唐山的日子，跟着大家吃食堂，一个月才10来块钱，相当于大学讲师的水平，而且大家都一样，没有三六九等，大家没有任何抱怨，想的都是工作，心里很满足。

周镜常常穿着一身蓝色的厚棉袄、厚棉裤，脚底下是一双军绿色的劳保棉鞋。照片上的他看着有点土气，但从他那阳光般的笑容里，我们仿佛看到一位朝气蓬勃的青年，目光坚定，内心充实，充满了自信和对未来的憧憬。

铁道研究所建立之后，工作人员和设备，分处京、唐两地，工作极为不便。周镜每周末都要在北京和唐山之间奔波，火车上没有座位，他就随身带了个小马扎。上车后，坐在两节车厢连接处，打开书本，旁若

周镜传

无人地研读起来。这段通勤时光,丝毫没有浪费,常常是把头埋进书本,一抬头,哦,北京到了。

这样的两地通勤生活,周镜一跑就是三年。1952年整合大连铁道研究所,1953年北京、唐山、大连三地人员和设备搬迁集中于北京。周镜和全所职工,兵合一处,又投身于艰苦的创业中。

第五章　投身铁道研究所

尊敬的茅以升院长

茅以升是新中国铁道科学研究的主要创始人之一。1950年，身为北方交通大学校长的他，兼任铁道研究所所长。1952年，他专任研究所所长，全身心领衔铁道科学研究事业；1956年，铁道研究所改称铁道科学研究院（简称"铁科院"），他又改任院长。此后一直到1981年离任，他主持铁路科研工作长达31年之久，为新中国的铁路科技事业倾注了大量心血。

在周镜眼里，茅以升院长工作非常繁忙和紧张，但他凭着积极的人生态度、认真负责的精神，在每个职务和岗位都干得很出色，尤其是在铁道科学研究院院长任上。

怎么把研究机构建设好、管理好，规划如何制定，成果如何应用等诸多问题，都要茅以升院长亲自参与或指导具体的研究工作，这些，茅以升院长都付出了大量的智慧与心血。

经过一段时间的探索，他提出了铁道科学研究院的工作方针和任务。方针是："一切为科研，科研为运输。"任务是："针对铁路生产建设的技术关键，选定铁路发展中的重大、综合、长远理论方面的问题，引进消化国际先进技术，解决铁路现代化的各种科学技术问题。"

在这一思想指导下，铁道科学研究院的工作很快走上了正常轨道，为铁路建设和运输解决了一个又一个难题，取得了越来越丰硕的研究成果。

茅以升一到铁道科学研究院，就提出了"生产、教育、科研三位一体"的思想，经常举办各种专业学科的培训班，帮助院内院外的研究人员和技术人员提高业务水平，培养出了一批又一批的铁道建设和研究人才。

周镜传

周镜认为，茅以升是中国科学家中首先注重土力学这门学问的人。正是他开拓了中国的土力学研究，是新中国土木工程学会的主要创立者。茅以升历任土木工程协会第一、第二、第三届理事长和第四、第五届名誉会长。每次采访说到茅以升，周镜都很激动，他由衷地说："此生能做茅老的学生，我感到非常荣幸。"

在周镜眼中，茅以升先生非常低调，在生活上非常简单、非常素朴。20世纪70年代，有一天，周镜到茅以升家里请教工作上的事情，进了门，茅以升先生请他坐下。客厅里没有像样的家具，除去一堆一堆的书外，就一张旧沙发。周镜一屁股坐在上面，哐当一下，身子就陷了进去，仿佛坐到了水泥地面上，的确，这沙发太破旧了，弹簧都失去了弹性。可茅以升先生自嘲地说："没事没事，可以坐的。"这件事对周镜有很大的影响和很深的触动。是啊，勤俭节约、艰苦朴素的美德，是中华民族的优良传统。不仅是物质上的克勤克俭，它体现的是老一辈知识分子的一种高尚品质，一种可贵的精神，一种甘于淡泊、为国为民的人生态度。"科"之大者，为国为民。这种修身齐家治国的美德，这种知识分子朴素专研实干的精神一定要传承下去，不能丢啊！周镜当时这么想的，今后也是这么做的。茅以升先生就是他一生的榜样。

2020年是中国铁道科学研究院建院七十周年。周镜院士援笔成文，深情回忆与茅以升院长共同开创事业的历程以及一生中与铁科院深厚的情缘：

深情怀念茅以升老院长

1950年9月，新中国诞生之初，我从美国留学归来，到铁道技术研究所（中国铁道科学研究院集团有限公司前身）工作，至

2018年退休，与铁科院结下了一生缘、一世情。尤其是茅以升老院长，用自己的言行感召着我们。他是我治学上的良师、人生旅途上的榜样。在建院70年之际，回首往事，历历在目。

新中国成立之初，百废待兴，依照茅以升、唐振绪等专家的建议，决定筹建一所为全国铁路服务的科学研究机构，1950年3月1日，铁道技术研究所成立，9月，茅老任所长。在新中国成立初期成立一个这样的铁道科研机构，显示出了他的远见卓识。卢肇钧院士于1950年8月由美回国，追随茅老服务新中国铁路建设的脚步来所。我是同年11月报到，欧阳葆元从唐山铁道学院毕业前来，我们"三剑客"开始了土木组土工室的筹建，而当时的土木组一共仅12人。

在卢工的带领下，参考我们在美国学习的知识和带回的资料，依靠研究所的实验工厂，到1952年建成了一个物理力学性的试验室，开始进行基本土的试验。当时，上级还没有给我们下达试验任务。记得接受的第一个任务是，苏联援助我国建设太原重工业基地，他们的专家要求对厂房地基的黄土进行试验，而国内其他系统还没有一个能为工程做土工试验的单位，于是，重工业部慕名找到我们来做黄土湿陷性试验。我们很快完成并出具了试验报告，苏联专家非常认真，就报告中的不解之处，专程找到唐山试验室。交流后，我们才知道美国和苏联两国在土工试验的方法和一些标准的表达上是有所差异的。当时，苏联专家特别送给我们很多苏联的地基规范和试验方法的资料。试验圆满完成后，重工业部为表达谢意，还拨款给我们一笔经费以改善设备。

1953年，在北京筹建研究所新址时，茅老与我们一边做科研，一边建设家园。为了有效地学习苏联经验，院里开办了短期俄文速成班。茅老当时已经是桥梁大师，但他仍然把自己当成一名普通学

周镜传

员，与我们一起上课。年近60岁的人了，在繁忙的工作之余还学习不停，晚上就睡在没有暖气的办公室，周末也不回家。就这样，我们初步掌握了俄文阅读能力，为自学苏联专业资料创造了条件。

大规模铁路建设开始后，苏联专家都要求进行地质和岩土的勘探试验，为此，铁道部开办了工程地质的专业培训班，我们土工室为培训班开讲了岩土工程，为各设计院、工程局培训了最早的一批土工试验技术人员，并提供了试验室所需的有关设备，还编写出版了我国第一本《土工试验》规程，积极及时地支持了铁路的建设，也为土工室与各设计院、工程局以后工作交流奠定了坚实基础。

新中国成立前，众所公认，茅老已经是中国土木工程界的领军人。解放后，他被推举为中国土木工程学会理事长。1953年全国开始大规模经济建设，学习苏联经验。在各部门基础工程建设中，都要进行岩土工程有关勘探、土样化验和工程设计，这在国内完全是空白领域。有鉴于此，茅老在中国土木工程学会北京分会下，成立了土工组，茅老亲自担任组长，清华大学陈梁生教授任副组长，于1954—1955年期间，组织有关专业部门和高等院校，利用星期日休息时间，每两周举行一次岩土工程有关的系统讲座，共开讲21次。还举行了多种报告会，茅老亲自主持和作报告，卢肇钧和我也都参加过。

1957年，成立了全国性的中国土力学及基础工程学会学术委员会，茅老是主任委员。经茅老与国际土力学及基础工程协会创始人Terzaghi教授联系，我国参加了国际土协。这是我国第一个参加国际学术团体的学会。同年，茅老和陈宗基教授代表学会参加了在伦敦召开的第四届国际土协学术大会。在大会的讨论中，茅老介绍了武汉长江大桥振动管柱基础技术。学会（现名为中国土木工程学会岩土工程分学会）的成立，为我院与国内、国际岩土工程学会的同行专家教授的交流、学习国外先进技术和经验，提供了有利的条件和平台。

1978年改革开放后，在茅老建议下，学会改名为中国土木学会土力学及基础工程学会，秘书处挂靠在铁科院。卢肇钧、我和杨灿文先后任学会第二、三、四届理事长至1999年。之后，学会秘书处挂靠在清华大学，由叶阳升担任副理事长。

学会于1979年8月邀请美国Marshall教授率土工方面专家代表团来华交流访问。先后在北京、武汉、南京和上海介绍了美国土工技术，特别是测试技术的新发展，给我国土工学术界很大启发。我院通过Marshall教授与美国铁道学会（AAR）以及土工试验仪器制造公司取得了联系。经院领导同意，土工室杨灿文作为访问学者访问AAR，随后又有多人访问AAR的FAST试验场，在试验场为我们的RC轨枕性能进行了测试；此外，我院引进了一批先进的土工测试设备，使土工试验室成为全国最先进的试验室之一，为我院培养研究生创造了条件。当时引进的动三轴仪仍然采用机械式自动记录测试数据曲线，经我院在培养研究生的过程中进行改进，采用计算机编程对试验过程、数据采集和分析、试验曲线的绘制等实现全部自动化，在当时国内也居于领先地位。

20世纪80年代，深圳特区设立并开始大规模建设，我们土工室也参与其中。过去我们对地方机场建设并无接触，也无了解。时任民航总局总工程师的陆孝斌特意邀请我院去参加机场地基处理投标，结果我们一举解决了软基机场的岩土问题，从而在深圳一炮打响。这是我院参与深圳建设工作的发端，也为我院深圳分院的建立创造了有利条件。和民航局陆总工程师的认识和交流，也正是基于1954年茅老在北京学会活动建立的平台，陆总参加了当年的培训班工作。

时光荏苒，日月如梭。转眼间，茅老离开我们卅年了，但他的光辉身影依然照耀着我们前行的道路。

周镜传

……

初春的午后，天朗气清，铁科院花草树木焕发着勃勃生机。一队活泼可爱的小学生簇拥着周镜院士，沿着茅以升路漫步，不知不觉就来到了院史馆。

铁科院的科技工作者们没有忘记茅以升老院长这位丰碑式的拓荒者，他们将铁科院内的主干道命名为"茅以升路"，并在新建成的院史馆中用一个独立的展厅来展现茅以升辉煌的一生，情真意切，感人肺腑。

展馆内摆放着茅以升用过的物品，从参会才穿的白衬衫，到日常用的水壶，从各种化学仪器，到曾计算过钱塘江大桥数据的手摇计算器……周镜先生向孩子们深情回顾讲述着茅以升几十年的工作历程，心中满怀敬佩之情。这些物品，有很多周镜很熟悉；这些照片，有很多镜头周镜在里面；这些论文手稿，有很多周镜拜读过……此刻，茅以升院长的音容笑貌，又浮现在眼前，周镜站在展厅里，望着茅以升的雕像，眼里闪烁着泪光，他深情地说："茅老是兼具民族性和世界性的一代宗师，他的智慧与成就、人格和操行，连同他与时代肝胆相照的践行，已经深刻地融入国家繁荣、民族复兴和世界大同的进步浪潮。今天我们最重要的就是要学习他宅心仁厚的德行，尽心知性的修为，家国天下的情怀，忠恕任事的作风，求真务实的品格和开拓创新的勇气，茅老'爱国、科学、奋斗、奉献'精神要世代弘扬。"

是啊，百年之前，中国铁路装备落后、路不成网、任人摆布、支离破碎；如今，我国铁路已是纵横交错、四通八达、人便其行、货畅其流，不少专业领域已达到或引领世界先进水平，铁路人自信满满地踏上了"走出去"的历史征程。这中间的巨大飞跃离不开以茅以升先生为代表的老一辈铁路科技工作者的辛勤付出和努力。

严谨的卢肇钧主任

周镜到土木研究组报到时,比他大 8 岁的卢肇钧已经来到这里一个月了。无论从年龄、学识、经历,周镜眼中的卢肇钧,是一位尊敬的兄长和学长。的确,他们惺惺相惜,情同手足。周镜说:"一直以来,卢肇钧是土工室的主任,我是副主任,在工作上我们二人相处得最久,可以说,从唐山开始,直到退休,几十年里,我们都肩并肩战斗在一起。"

1947 年,卢肇钧考取公费留学生赴美留学。1947 至 1950 年期间,卢肇钧在美国哈佛大学工程研究院取得科学硕士学位后,又在麻省理工学院的土力学研究室攻读博士研究生并兼任助理研究员,在近代土力学的创始人太沙基(K.Terzaghi)和泰勒(D.W.Tayler)教授的指导下从事土力学研究工作。当时哈佛大学和麻省理工学院的土力学研究,曾被世界一致公认为近代土力学最高权威的学府,他在学习和工作的同时,还作为中国留美科学工作者协会波士顿地区的联络人,积极宣传、动员留美学生学成回到祖国,投身到祖国的建设中。1950 年秋,因朝鲜战争爆发,卢肇钧提出辞职并准备返回祖国,泰勒教授再三挽留他在麻省理工学院共同工作,但怀有浓厚爱国感情的卢肇钧,婉言辞谢了教授的盛情,毅然回国。

卢肇钧为什么改学土力学专业,经过是这样的——

刚到美国的卢肇钧,在纽约遇到了自己清华大学的导师刘恢先先生。刘教授听说他要进哈佛大学的工程研究院继续深造,就表达了一个希望,希望卢肇钧改读土力学。刘教授给他讲了土力学是什么,土力学如何重要,等等。刘教授建议他这么做的原因有两个:一是当时世界公认的近代土力学创始人太沙基教授正在哈佛大学任教,拜其门下,可以学到世界一流的技术;二是因为国内的土力学人才十分匮乏,而土力学

周镜传

是桥梁工程、土木工程的基础，重要程度可想而知。听了刘教授的一席话，卢肇钧觉得非常有道理，他经过一番深思后，改读了土力学，从此一生与土结了厚缘。

对于二人的关系，很多人很好奇，周镜和卢肇钧院士都是从美国留学回来，又在同一个单位一个科室工作，俗话说，在一个屋檐下共处了几十年，在一起的时间甚至比家人都多，难道二位就一直相敬如宾没有矛盾和意见吗？

周镜微笑着回答："我跟卢肇钧相处得非常好，有事情我们共同商量。他一直是我的主任，是我的直接领导，如果不是他一直支持我的工作，我哪里能取得成绩？我哪里能做那么多事情？都是卢肇钧主任在默默地帮助支持我啊。可是他从不把这些挂在嘴边，他从不邀功，从不取悦谄媚、巴结谁，他就是这么一个正直、敬业的人。"

"科学与技术的进步，应该使全人类共同幸福。中国的科学家和工程师努力地为人民服务，同时也是为全世界人民服务。"这就是卢肇钧说的啊，由此可见他的科学精神和家国情怀。

科学成就离不开精神的支撑。卢肇钧自 1950 年 10 月起先后在铁科院任副研究员、研究员、土工研究室主任、博士研究生导师，并曾兼任中国土力学及基础工程学会副理事长、理事长、中国土木工程学会荣誉会员。长期从事土的基本性质研究和特殊土地区筑路技术研究。20 世纪 50 年代主持研究盐渍土和软土工程性质和筑路技术，提出了硫酸盐渍土的松膨性对路基稳定性的影响；在中国最早成功地采用排水砂井处理软土路基。制定了软土的试验和设计标准。在主持新型支档结构项目时，提出了一种锚定板挡土结构形式及其相应的计算理论，该形式在国内许多部门和日本被采用。在膨胀土和裂土的基本性质研究方面，首先获得了膨胀土强度变化的规律，并发现非饱和土的吸附强度与其膨胀压力的相互关系。

1991年卢肇钧当选为中国科学院学部委员,1994年改称为中国科学院院士。

当周镜得知卢肇钧当选为中国科学院院士,打心眼里为他骄傲与自豪。他对卢肇钧一直是心存感恩,虽然卢院士已经去世多年,但是在周镜心里,这位老领导和好伙伴,一直活着。

周镜深情地说,"'土工',这两个字也是卢肇钧命名的,将土力学与岩土工程囊括、联系在了一起。"

周镜传

创建土工试验室

在唐山，卢肇钧这个土木研究组的副研究员，负责筹建土工试验室，他简直就是一个光杆司令。给他的全部人马就两个人：助理研究员周镜和刚毕业的大学生欧阳葆元。

试验室需要配备许多必要的仪器设备。周镜在这里看到了一些美国仪器。后来得知这些仪器是从美国采购的，新中国成立后，这些仪器归了铁道研究所。

在仓库里，他们找到了一台电烘箱、一只测土的液限制的摇杯、一个比重计、一台应力式土的直剪仪、一台可控温的电冰箱以及一套土的击实试验仪。尽管这些设备不多，但在国内却是独一无二的宝贝。这些设备，为他们日后的试验提供了不可替代的必要支持。

为了满足试验所需的一般用品，因为没有钱购买，他们只能一只量筒一只烧杯地从市场上寻购。然而，有些设备是国内根本无法买到的，譬如测试土的压缩和固结特性的全套设备。面对"巧妇难为无米之炊"的困境，他们自己动手绘制图纸，利用捡来的废旧钢轨，请本单位实验工厂的师傅加工成固结仪的加载架。真可谓"筚路蓝缕，以启山林"啊！

那时候，清华大学最早的土工试验的设备也是由铁道研究所实验工厂制作的。这里有一批能工巧匠，当时铁路工程需要用经纬仪、水平仪来测量，这些仪器也是实验工厂的师傅们精心制作而成的。为了确保这些仪器的准确性，经纬仪和水平仪上面都用一个水泡来确定仪器是否放平。这个水泡的玻璃是有弧度的，需要手工磨制。虽然现在看来那些设备的精度肯定不够，但在那个时期，这些都是必不可少的专业工具了。

在卢肇钧的带领下，周镜和同事们在一个简陋的仓库里，克服重重困难，硬是筹建起中国铁路系统第一个土工试验室。这段艰苦的经历见证了他们坚定的信念和对科研事业的执着追求。有了试验室，就可以通过土的试验来获取土的各项性能指标了。

因为土用作地基时，会出现地基的变形和稳定问题；用作填料，存在土的压实和变形问题；用在介质，需要考虑土的渗流和抗渗稳定性问题。而研究解决这些问题，涉及土的物理、力学、化学性能，要评价土的以上性能，这就必须要进行试验。所以，有说服力的试验指标，就成了优选技术措施的重要依据。

仪器设备虽然简单粗糙，做起试验来可能不顺手、费事，但是没人嫌弃这些土老帽设备，大家反而很珍惜、珍爱这些自制的设备。他们早已学会并适应了用低级的仪器做出好的试验结果来。

关于岩土工程，在新中国成立前，中国的大学里是没有这个专业的，大学里仅有土木工程专业。岩土工程这个学科，我国起步较晚，国际上也是到了1925年才刚刚有的。

1936年，第一次召开国际土力学会议；1948年，第二次召开国际土力学会议。土力学这个学科在全球范围内才得到了广泛的认可和发展。随着二战后美国和欧洲的经济逐渐恢复，许多被战争破坏的设施需要进行修复。在这个过程中，土力学这个学科发挥了重要的作用，因为它是应用性很强的学科，能够为修复工程提供科学的指导。因此，土力学这个学科必须随着工程的发展而发展，以满足社会的需求。同时，土力学又是一门地质和力学交叉的学科。由于各国的地质条件不同，比如美国的沙漠和我国的沙漠就有很大的差异，我国的西北地区和沿海地区的地质条件也各不相同。这就要求我们在进行土力学研究和应用时，必须根据具体的工程实践，不断充实和完善这个学科的知识内容。

周镜回忆：我们在20世纪40年代就念两本书，"理论土力学""实用土力学"。当时，美国芝加哥在进行城市建设过程中遇到了一些实际问题，这些问题促使他们提出了一些新的理论。例如，波士顿、伦敦、

周镜传

泰国、墨西哥和加拿大等地区都存在大面积的软土，而这些地区的软土性质各不相同。因此，他们进行了大量的研究工作，以便对软土有更深入的了解，并推动理论研究的发展。

当周镜刚回国时，他也曾认为软土这个问题很简单。然而，随着他在实际工作中的不断深入，他发现软土问题变得越来越复杂。新的问题不断涌现，需要不断地寻求答案。

理论与实践相结合，习惯于"两条腿走路"的周镜，渐渐行稳致远。

周镜向我们详细解释了，这个学科的发展是随着建设需求的逐步增长而逐渐形成的。在20世纪的30年代，也就是二战结束后的时期，美国开始了大规模的建设活动。这包括修建公路、建设港口，以及在五大湖区进行的各种建设项目。在这个过程中，由于需要使用填土来作为地基，因此就产生了一个问题：如何通过特定的方法来达到所需的土壤密度？为了解决这个问题，人们开始在试验室里进行各种试验，对土壤进行分类和夯实处理。正是这样的实践需求推动了这个学科的逐步发展。

岩土工程是欧美国家在20世纪60年代的土木工程实践中，根据实际需求而建立起来的一种新的技术体系。这个学科的主要研究对象是岩体与土体的工程问题，包括地基与基础、边坡稳定性以及地下工程等方面的问题。通过对这些问题的研究和解决，岩土工程为土木工程的建设提供了重要的技术支持。我国20世纪30年代出国的留学生，如茅以升、张光斗（两院院士、水利水电专家）等一批人，他们是最早接触到土力学这门学科的人，这也是为什么茅以升先生特别重视这门学科的原因。茅以升意识到了这个专业的重要性，他后来成为我国土木协会的负责人。等到了卢肇钧、周镜他们这批留学生，学工科的，土木水利工程的，一般都是接触土力学有关的学科课程。他们这批学子20世纪50年代回国后，有的在国家建设部门工作，有的在清华大学、同济大学、广州等地大学里教授这门学科，也填补了我国大学里没有这门学科的空白。这样一来，我们国家逐渐认识到这门学科的重要性。

  以茅以升老院长为代表的老一辈人，他们就像坚强的柱石，披荆斩棘，开荒拓土，铸就了历史的丰碑。他们就像前夜的灯，与中国铁路的蓬勃发展交相辉映，更为后来者点亮了不可磨灭的希望之光，引领着后学们不舍昼夜地奋进。周镜特别提到"榜样的力量"。当时，铁道研究所的不少领导都是比他更早、20 世纪 30 年代留美归国的，他们全都不辞辛劳、不畏艰难、勤勤恳恳地工作，很少有人计较物质生活条件。他们的精神风貌，给周镜以及整个铁道研究所的工作人员，都树立了很好的榜样。

周镜传

我国第一本《土工试验》规程

土工试验室接手的第一个任务是由重工业部委托的。当时，苏联正在援助我国建设太原重工业基地，他们的专家需要对厂房地基的黄土进行试验。然而，国内的土工试验室并不多见，这让重工业部的同志陷入了困境。经过一番周折，他们听说铁道研究所有做这个试验的能力，于是找到了位于唐山的土工试验室，让他们替苏联专家进行黄土湿陷性试验。

开始进行试验时，周镜等人就遇到了一个问题：他们不知道苏联专家要求的参数是什么。在这种情况下，周镜根据自己在美国试验室的工作经验和理解，摸索着进行了试验，他们最终完成了试验报告，将试验结果提交给了重工业部。

苏联专家在仔细阅读了试验报告后，这位苏联专家非常负责，亲自前往唐山的土工试验室与周镜等人座谈。在座谈会上，苏联专家询问了周镜关于这个数据的计算方法，周镜等人向他解释了试验过程和原理。这时，他们才发现苏联和我国的数据表达方式存在差异。

在这次交流中，苏联专家还介绍了他们在进行土工试验的方法和一些标准的表达方式。比如在做液限试验时，周镜他们用的是摇杯，而苏联则是用圆锥。由于这两种不同的工具，这样做出来的数据自然就会有差异，而且数据的表达方式也有所不同。苏联专家还特别赠送给周镜他们关于苏联地基规范和试验方法的资料。

周镜他们立即开始使用苏联的这套方法进行试验。他们把试验结果与用美国的试验方法进行比较，发现两者的数据是有差异的。周镜回忆道："这种差异在一定程度上对我们学科的判断产生了影响。现在从事这方面的人可能没有注意到这个问题。在国际上发表的报告很多，英美系统按照他们的那一套方法做出来的结果，苏联系统出来的是另一个结果。在遇到特殊情况时，他们的数字就会不一样，这会影响我们的判断。这个问题提醒了我们，对于试验数据是如何得到的，我们要有所了解，而不能仅仅关注这个数据本身。"当试验圆满完成后，重工业部为了表示感谢，还专门拨给他们一笔经费用来改善设备。有了这笔经费，周镜他们非常高兴，赶紧购买了一些试验设备。

也正是这次试验，开了铁道工程路基试验的先河。

这次土工试验给土工试验室带来了很大的启发。当时，国内并没有一本专门针对土工试验的书籍可以供他们学习参考。因此，他们在不倦摸索中积累了很多宝贵的经验。

1953年之后，全国开始了全面的经济建设。在工民建各行业的基础建设中，为了学习苏联的经验，必须进行工程和水文地质勘探工作。对于地基土，需要进行勘探并取土样，然后进行必要的物理力学试验。为此，铁道部在北京组织了基建部门相关技术人员的培训课程，包括工程、水文和地质等方面的知识。铁道科学研究所也派遣了土工试验人员参加了这次培训。

在上级的建议和支持下，周镜他们意识到有必要编写一本专业书籍，以便将这方面的知识普及给更多的专业人员。

于是周镜参照苏联专家赠送的苏联土工试验规程和资料，指导清华大学毕业的同事杨灿文编写了我国第一本《土工试验》规程。

这本规程中所用的相关的各种仪器设备，试验方法以及各种试验结果、参数的表达公式，基本与苏联规程一致，便于交流。所编过程中，周镜参照自己在美国试验室工作的经验和美国规程，介绍了试验工作过程中应注意的一些细节。如前所说，土的一个重要物理参数，即液性限度的试验方法，苏联用76克的圆锥体，而美国用摇杯，二者得到的参数结果，在不同的土中有很大差距。因此，当时土工组安排杨灿文对苏

周镜传

联圆锥法和美国摇杯法测土的液限的结果，进行比较研究，做出研究试验报告。

《土工试验》全书共分三章：土壤的物理性质的试验方法；土壤的力学性质，水溶盐及灼烧损失的试验方法；土壤分类及土壤性质的基本指标的换算。并对于每种试验提示其讨论及注意事项，可供学校及工程实验机械工作人员作为试验手册与研究之用。可以说，这在当时对这个学科的工程技术人员而言，真可以说是一本雪中送炭的专业书了。书中除了一般土工试验方法外，还介绍了一些快速试验方法，这些方法主要适合于在工地现场使用。这个手册还有一个特点，不是单纯说试验一步一步怎么做，而且还告诉试验人员，要注意什么，操作过程和容易出错的有哪些地方。

这本薄薄的小册子，在今天看来，似乎毫不起眼，但它却是新中国土工试验的开山之作，一直到现在，土工试验基础规程和方法大都源自周镜指导杨灿文编写的这本书。

在此之前，中国很少有人了解这方面的知识。此后，铁路开始进行工程水文地质工作，要求做勘探取样试验。后来用这本书培训各部委、各部门、建设局的土工工作人员，讲授土的性质。并协助铁路系统各设计院和工程局建立土工试验室。

周镜回忆道："《土工试验手册》是根据我们的实际工作经验编撰的，那些试验我都做过。当然，后来新出的书比我们的那本更完善了。"

有了试验室和"教材"，周镜在自己的专业领域越走越远，他像一头老黄牛，为实现自己的理想而不倦耕耘着。

第五章　投身铁道研究所

能啃硬骨头的土木研究组

周镜刚到唐山的时候，土木研究组只有12个人。两年后，当土工试验室建成后，土木研究组在下设混凝土、木材、结构三个研究小组的基础上，又组建了一个土工研究组，这些部门在新中国铁路建设中都发挥了它们不可替代的重要作用。

对于其他三个研究组，周镜同样如数家珍——

混凝土研究组组长是姚明初，他从事混凝土研究工作，最早在铁路系统提出按混凝土设计强度进行配合比选定和施工的新技术，从而保证了铁路桥隧工程建设中的混凝土质量，确保混凝土强度的同时，还节约了大量水泥。他是我国混凝土轨枕的开拓者。

新中国成立前，我国混凝土施工技术十分落后，混凝土拌制一般采用固定的体积比，如水泥∶砂∶石比为1∶2∶4或1∶3∶6，不规定水灰比，没有混凝土强度指标，更没有耐久性标准。1950年，姚明初吸取国外先进经验，在铁路系统创导按混凝土强度进行混凝土配合比设计和施工新技术，这一新施工方法得到铁道部有关领导的支持和帮助。1952年，首次在西北干线铁路工程局进行混凝土按配合比施工新技术的培训和试点工作，其后在铁路新线工程和营业铁路工程中全面推广，使铁路混凝土工程质量得到保证，并省了大量建设费用。1952年起，姚明初在铁路工程系统大力推行混凝土附加剂，其中包括苇浆废液直接浓缩物塑化剂和松香皂加气剂等。1955年，在武汉长江大桥施工中采用了松香皂加气剂，提高了混凝土和易性和耐久性，并节约了水泥约5%—10%。这两种技术在全国推广，取得了很大的技术经济效果。

1955年后，姚明初领衔积极开展铁路混凝土轨枕的开发研究工作。铁路混凝土轨枕在我国的推广使用，不但缓解了我国木材资源匮乏的困

周镜传

难，而且提高了铁路线路的质量。减少了养护维修工作量。姚明初在这一新技术的研究开发中为中国铁路建设作出了大贡献。

土木研究组组长周家模，也是结构研究组组长。他20世纪30年代留学比利时列日大学土木工程学院。这个组有个万能试验机，搞结构试验用的，当时整个中国就这么一台。周家模他们用它做了很多试验。他曾主持南京长江大桥架设安装的震动和稳定模型试验、丰沙线7号桥150米钢筋混凝土拱桥架设安装模型试验等，对开创结构模型试验工作作出了较大贡献。

木材研究组组长是郭惠平，他从事木材防腐和改性的科研试验工作。新中国成立后，他首先建议铁道部成立枕木防腐工业，并提供枕木防腐的有关参数，为汉阳、北京等8个木材防腐厂所引用。

郭惠平先后主持国产木枕防腐情况及资源调查，防腐工艺、防腐剂、养护技术等主要专题的研究，提出多项成果、为推动枕木防腐事业及节约木材作出了贡献。

所以说在新中国百废待兴之时，铁道科学研究所对铁路恢复、新线建设起了很大的作用。新中国成立初期，我国的铁路里程仅有2万多公里，火车头的生产也处于初级阶段，只有武汉汉阳的一家军工厂能够制造铁轨，这在当时无疑是唯一的选择。然而，正是在这样的困难环境下，我国铁路事业却取得了显著的成就，成为全球铁路发展的领跑者。这是在中国共产党的领导下，技术人员充分发挥才干，我国的科学技术水平就发展提高了，铁路逐渐跟上了科技的时代发展。

每当回忆起昔日一起奋斗的同事和伙伴，周镜的眼神中都充满了深深的敬意和感激。他们是一批志同道合的战友，他们对国家、对事业有着极强的责任心，他们在各自的专业领域里创造了令人瞩目的成绩，为铁路事业付出了努力。

铁道研究所成立后，在北京建设科研基地，成为当时最重要的中心任务。

1951年，副所长金允文与张惠生、许泽冰在北京西郊勘察后，提出了在青塔院（北京铁道管理学院新址附近）选定研究所新址的建议。很快，铁道部批准了研究所建所地址的报告。不久，北京市人民政府正式批准购地100亩，保留地300亩。从建所之日起，铁道研究所就积极开展试验研究工作，他们不仅为铁路现场组织技术培训和技术服务，还进行各种试验项目，研究成果直接服务于铁路建设现场并推广应用。这些科研服务日益扩大，为我国的铁路事业注入了强大的动力。

第六章 为岩土把脉的人

风餐露宿"土专家"

新中国成立初期,国家从全局着眼,加快了大西北铁路建设步伐。天兰铁路、包兰铁路等先后破土动工。

天兰铁路,顾名思义是指天水到兰州的铁路,从路网上看,它属于陇海铁路的一部分。陇海铁路是江苏连云港通往甘肃兰州的铁路干线,修路设想始于清末洋务运动时,正式动工则到了1905年。在接下来的47年中,陇海铁路分段陆续修建,由于几经战乱,时局不稳,工程时建时停,到新中国成立后的1952年才全线贯通,被人们称之为中国铁路史上修建时间跨度最长的铁路之一。

1946年,天兰铁路开始动工,到新中国成立时,才完成了全部工程量的13%。新中国成立后,天兰铁路于1950年复工,短短两年多的时间,这段铁路就全线建成通车了。1950年,天兰铁路重新开始修筑。

周镜传

此时的新中国，不少地方的硝烟未散，百废待兴，而铁路建设者们热情高涨，工地上红旗招展，歌声飘扬。

那时生产力还很落后，修铁路主要采用人海战术，人们如同蚂蚁搬家一般，在技术人员的指导下，挖高填平，开山凿石，一切都是土法上马。没有设备就自己动手制造，在那个激情澎湃的岁月，当家作主的中国人迎难而上，挑战自我，焕发出前所未有的创造力。

此时，包兰铁路也相继开工建设，包兰铁路是自包头到兰州的铁路，是一条我国华北通往西北的干线铁路。

时间紧、任务重，周镜被安排前往西北现场工作。刚到大西北，无论地理环境还是生活条件，作为一个南方人的他，深深感受到祖国南北巨大的差异。从西宁到青海，满眼黄土和沙漠，不见一点绿，更难望人烟。

周镜被安排住在铁路工务段的一个沿线养路工区。

工区地处偏僻，前不着村后不着店。一路上人烟稀少，物资更是匮乏。想买点生活用品都很难，日常生活用品供应都是靠每个月来一次的铁路生活供应车。当时铁路生活供应车，就是一节小车厢，挂靠在火车上，由铁道部生活供应段负责，主要针对这些远离城镇、交通不便的小站而开行的。在那个商品流通极其不便的年代，在这些工区、小站工作的铁路职工，他们和家属的生活物资基本上全靠供应车供应，好在供应车的东西种类多，很齐全，小到针线、纽扣；大件有水桶、棉花、锅甚至烧火煮饭的蜂窝煤都有。总之就是日用百货、柴米油盐，就是一个"轨道上的百货商店"。

如果要在生活供应车上买大件，需要提前上报，因为每个单位、每个家庭以及个人的情况不一样，一些东西比如说煤球、棉花，一些人需要一些人不需要，不需要的人就可以将自己的配额转让给别人，换取自己需要的，等到东西都计算好了，就可以上报。等下一次，生活供应车就会带着东西远远地开来了。

每当生活供应车的到来,站区如同过节一般,尤其孩子们,那可是盼望已久的,他们雀跃着在站台下跑来跑去,帮着大人拿东西,实际上是火车拉来的文明勾引着孩子们的好奇心。

周镜去兰州,在一家小面馆吃了一顿饭,这件事对他触动很大。

那个小面馆,卖的面就是白水煮面,里面没有一滴油,没有一片菜叶,更没有任何的调料。他端着这碗面,沉默了许久,心里很不是滋味儿。桌子上有一小碟盐,一小碟辣椒面,看来这就是全部的佐料了。然而就是这么一碗面,还要用粮票买。按照标准,他每个月只有6斤细粮票,这需要精打细算,节省着才够花的。而面馆里的客人非常少,就是这碗白水面,在那个时代也不是人人都能吃得起的呀!可想而知,当地老百姓的日子是多么清苦。火车开通,就能带动地方经济的发展,铁路早一天建好,老百姓就可能走出大山,早一天过上好日子。如果说,在

周镜(左二)在兰州与领导、同事合影

周镜传

来大西北前他感觉更多的是一种神秘感，那么现在他则实实在在感觉到了肩上的使命感与责任感。

天兰铁路、包兰铁路，这两条铁路都绕不开一片广袤的国土，那就是黄土高原。黄土高原总面积大约有40万平方公里，横亘在我国的第二级阶梯之上，海拔大概在800到2000米的范围，在黄土高原很多地方都沉积着厚厚的黄土层，有的地方甚至达到180米的厚度。面对这样的地理环境，由于当时我国修建铁路的经验不足，所以聘请了苏联专家，按照苏联的规范进行建设。但是，苏联的黄土在地层分布、土壤的物理性质以及力学沉积等方面存在着显著的差异。来到中国的专家，用苏联黄土地区修建铁路的规范，在天兰、包兰铁路施工工程中出现了许多意想不到的问题。

依照苏联专家的建议和苏联的规范，原生黄土边坡采用陡坡，黄土类土的边坡采用缓坡，想不到导致施工中出现了大量问题。领导很着急，大家很着急，周镜很着急，他心想，看来任何事情都要因地制宜，完全照搬国外的经验是行不通的。

周镜在这段时间里恶补地质学，读了大量的地质专业书籍，他为自己在上学时没有关注这门专业而感到惭愧。通过自学，他慢慢明白了，由于黄土高原的土层年代各不相同，所以新的沉积层和老的沉积层在结构、受力程度上也各不相同，如果不能对黄土高原的土层分布有明确认知的话，施工作业就很难做到知己知彼，更很难顺利进行。

在1956年，当国家首次制定科研规划时，其中就包含了在黄土地区修建铁路的项目。这个项目的负责单位是铁科院。在这一年里，周镜被任命为这个课题的组长，他带领着唐山铁道学院的教师以及铁道部第一勘测设计院的工程师们，共同组成了一个专门进行课题研究的工作小组。

这个工作小组在陕西、甘肃、山西和河南四个省份范围内，开展了中国历史上第一次大规模的黄土调查。这次调查的主要目的是为了更好地了解黄土地区的实际情况，为后续的铁路建设提供科学依据。

周镜从学校毕业后，第一次参加这种工作，可说是不仅缺乏野外调查的经验，也没有相关工作和黄土方面的书本知识。他对于如何开始自己的工作感到迷茫和困惑。经过他人的介绍，周镜得知地质部地质矿务局有一位工程师刘东生，他是我国的专家，专门研究"第四纪地层"，尤其是黄土地层。刘东生先生后来的成就更是显赫，他被评选为中国科学院院士。

当周镜去拜访刘东生先生时，刘先生非常热情地向他详细讲解了自己对我国黄土的看法和理解。周镜回忆，刘先生在介绍中涉及了许多地质学的专有名词，如地层的划分、地质年代等。此外，刘先生还向他推荐了一本关于"第四纪地层"的书籍。周镜在听完刘先生的讲解后，立刻购买了这本书进行深入研读。在接下来的几年里，周镜一直专注于黄土课题的研究，他始终保持着认真的自学态度。他深知，如果想要深入研究岩土工程，就必须认真学习和掌握相关的地质知识。

刘东生和他讲，黄土有老黄土和新黄土之分。周镜对这个提法感到很新鲜，他知道刘东生先生对黄土高原土质有很深的研究。刘东生指出，我国黄土地层深厚，上层是大家常说的马兰黄土，刘先生命名为新黄土，而在新黄土之下，则是刘东生先生称为老黄土的地层。刘先生就跟他解释了新黄土的一些现象，他说："你看百姓的窑洞都建在老黄土里面，没有建在新黄土里的。我在考察时，发现陕北的窑洞都是以料浆石（钙质结核）做顶，黄土作壁。黄土层和料浆石之上的红色土是古土壤，是由后期形成的黄土在温暖湿润的气候中改造形成的。就是说，古土壤累积形成我们现在所看到的黄土高原。"

这些科学知识，令周镜受益匪浅。遇到知音的刘东生很兴奋，继续给他科普：

周镜传

经过分析研究初步认为，我国的黄土有250万年左右的历史。250万年前，就在我国这片几乎是寸草不生的黄土高原上，还是一片美丽的草原，暖风轻拂，雨水丰沛。然而，一场接一场的风沙天气把远至中亚、近到我国新疆的沙漠和戈壁上的细尘一批一批吹了过来。最初来的时候，草原上的草还能拦住一些尘土。可是，这样的尘土一年年越积越厚，再加上持续的干旱、半干旱，到后来，有时候一场大的风沙甚至能把整头的牛羊埋没。设想一下，如果每次这样的天气会带来0.01毫米厚的尘土，每年十次便能积0.1毫米，十年1毫米，一百年1厘米，一千年10厘米，一万年1米，到现在，黄土高原上最厚的地方已经深达250米。照此说来，我们现在所见的黄土高原已经存在了250万年。从地质上讲，我国的干旱史也有250万年了。

刘东生建议周镜，从秦岭山脉到黄河西岸，踏勘观察。按照刘东生的建议，周镜他们从河南灵宝出发，徒步深入秦岭山脉进行调查。他们沿着秦岭北坡脚向北行进，沿途对黄土自然内坡和人工边坡的坡面进行了踏勘和调查，以了解自然环境侵蚀后的形态和特点。这次勘探使周镜对黄土地层有了初步感性的认识。

随后，周镜和他的团队又从甘肃天水出发，沿着新修成的天水到兰州铁路线一步一步观察沿线黄土边坡的形状和自然侵蚀下的特征。

周镜带领着小组成员，背着行李和干粮，也背着组织的殷殷嘱托，从天水出发一路徒步考察到了兰州，饿了就啃上几口糜子面的凉窝头，累了就找一个铁路工区住下，以钎、以镐、以钻、以意志与诚心，叩问苍茫黄土，为的就是早日实地探明施工地区黄土沉积层的具体结构，让路基像藤蔓一样延伸进祖国的西北版图。

大西北的骄阳如同悬在头顶的大火球，灼热的炙烤之下，地表温度常常高达 40 多摄氏度，石头被晒得滚烫，鸡蛋搁在上面一会儿就能被烤熟。这里一年到头不下雨，但只要一下雨就常常会发水。没有人气的满目荒凉的戈壁上，只有挺起脊梁的路基向远方执着地延伸着，延伸着。

艰苦的工作环境，坚强的战斗集体。考察人员个个以苦为乐，干劲十足。队里有一名女同志，也从来没有掉过队，喊过苦，以女性的坚韧默默鼓励着大家。队员们经常饿着肚子干活，因为长期走路，腿肿了，脚上打了血泡，可大家心里知道在为祖国铁路建设干着有意义的事情，不但没有一句怨言，心中还充满着自豪感。

漫漫长途的风餐露宿中，能吃上一顿安逸的饱饭是很不容易的。如果正巧赶上有供应车来，周镜总是悄悄掏腰包，买上两斤腊肉，给全队改善生活。如果到了大站，周镜就常请大家下饭馆，踏实地吃上一顿美食了。有的同志实在不好意思，他就说："都要去，都要去！实在不行咱们就按照挣工资比例打平伙（摊钱）。"大家心里清楚，即使是打平伙，周镜的工资都比他们高，拿大头的也肯定是他。

其实那时候大家的工资都不高，全都拖家带口的，公家给的出差补贴少得可怜，可他们从来没有计较过报酬的微薄。而身为队长的周镜处处呵护、体谅、关照大家，他们也打心里尊敬周队长，乐意跟他踏实工作，如西征的战士，没有一个退缩。

一路走来，周镜他们对黄土的认知也在加深。周镜心想，看来，只有靠双脚走遍施工经过的每一寸黄土地，才能对这些亿万年的沉积层渐渐有一个趋于全面正确的认知，他们的心里觉得才会慢慢有底。曾经有人问他："你们这么辛苦真的值得吗？"他回答说："我们的艰苦只是暂时的，但是多少老百姓世世代代生活在那里，修好铁路能够改善当地交通条件，让老百姓早日过上好日子，这是值得的。"

就这样，他们不畏路途艰险，徒步考察了黄土地区的铁路、公路路堑边坡和各类黄土的自然边坡。进而在陕、甘、晋、豫四省的各类黄土

周镜传

层中，取原状土样，进行了系统的物理力学性质试验。

在他们的考察过程中，他们发现黄土颗粒越来越细。这让他们想到了黄土的来源——风吹过来的。随着风力的减弱，颗粒逐渐变细，这也意味着大自然在这个过程中进行了一次筛选。

经过仔细观察和研究，他们发现了一个重要的特点：新黄土的颗粒从甘北到河南，即从西北向东南方向逐渐变细。然而，在新黄土在应变直剪下进行剪切破坏时，其应变力与应变曲线并没有呈现出明显的峰值；而老黄土在同样的条件下，却出现了明显的峰值。这一现象表明，两种黄土的沉积环境存在差异。老黄土具有结构强度，而新黄土则没有。

通过这段时间的考察、试验，周镜的心里越来越有底，新的想法和灵感也在心里悄然萌动。

他想起刘东生的那番话，也正印证了他们考察时所发现的黄土的物理性能。黄土是风成的，它们是西北地区戈壁、沙漠中的细粒物质被风吹到黄土高原堆积而成的。之后，这个理论，得到地学界大多数学者的认可。

刘东生先生的研究理论对周镜很有启发。他脑海里很多的疑惑，很多的不解，都有了较为明晰的路径与答案。

考察回来后，他拿出一张照片给刘东生看，那是他在包兰线一个黄土塬上拍摄的：一个滑坡体，还保留着"一般均匀"土层中的典型弧形滑动痕迹面。关于新黄土、老黄土这个提法，当时刘东生先生还没有论文发表，只是他们二人在讨论、探讨黄土问题时，才碰撞出的新的认识和理解。

周镜跟刘东生说，自己从河南到陕西，从秦岭又一步步走到黄河，新、老黄土的现象非常明显，洪水冲下来后，在黄土上形成冲沟，冲沟在老黄土上留下埂，在新黄土上就没有埂。

刘东生听了他的一席话，欣喜地颔首称是。

学习，实践。实践，再学习。他总是能够站在智者的肩膀上，望见更远的远方。这种见贤思齐的学习精神,扩大了他的知识领域,更涵养了他对多种学科的整体把握与认知能力。

周镜始终保持着一贯的勤奋学习的精神。他无论走到哪儿,总是随身带着书,有点时间就捧着书看,不仅睡觉前看,一觉睡醒了大半夜爬起来又看,经常弄得住在一屋的同事哭笑不得。同事都说他是最费"灯油"的人。

功夫不负苦心人。这次调查前后持续了一年多时间,在周镜的带领下,尽管条件极为艰苦,调查组的成员都无怨无悔,最终通过调查的数据、无数次的试验,周镜和他的同事们找到了解决黄土问题的关键方法。黄土地的赤子,找到了打开黄土神秘大门的"金钥匙"。

由于沉积的时代不同,黄土高原的主要土层结构分为午城黄土、离石黄土、马兰黄土等几种类型。由于土层结构存在差异,所以土层承受的压力也各不相同,而铁路设计施工的时候,需要摸清楚不同类型黄土的"脾气",然后再因地制宜、对症下药,在不同的黄土表面选择最适合的方法筑路施工。

这其中,午城黄土沉积年代最为久远,结构比较稳固,比较适合于修路筑基,但宏观上看,午城黄土在黄土高原中的分布还是比较少,一般都是深埋在底下的深层,那么构成黄土高原主体的是哪种黄土呢?这种黄土叫离石黄土。离石黄土的沉积厚度往往超过了90米,它比午城黄土的沉积时间要晚,大约是50万年前沉积而成的,由于在离石黄土中存在着大量空隙,如果铁路施工的工程中刚好遇上空隙多的土层的话,就很容易造成塌陷。所以在离石黄土分布区,修建路基需要在土层当中安装支架,起到"安哄"和稳定土层的作用。

顺藤摸瓜,周镜还提出按黄土结构力学性质确定路堑边坡陡度的原则,为以后进一步研究黄土边坡打下了良好的基础。

在1959年,铁科院进行了一次重大的改组。在这个改组过程中,

周镜传

《黄土路堑边坡调查研究》报告封面　　《黄土路堑边坡调查研究》报告

铁科院西北研究所被划归到了铁道部第一勘测设计院的管辖之下。因而，在西北地区研究项目也同时转交西北研究所。周镜的黄土课题，是周镜和他的团队在过去三年中进行的一项重要研究。于是，周镜将三年来的调查成果，用课题组集体名誉写了总结报告，提供给西北研究所随后工作参考。

到了新时代，伴随着我国高铁事业的发展，在黄土高原上蜿蜒着包括青银线、银西线等多条高速铁路线，这些高速铁路的应用理论基础，仍然没有离开数十年前周镜他们的那一次次的实际研究、调研取得的成果。

黄土无言，其情也深。

第六章　为岩土把脉的人

跋涉在青藏线上

新中国成立后，中国铁路建设发展也挺起脊梁，跨入了崭新的时代。在新中国的交通网络画卷中，西南部的留白一直还很大。而修建青藏铁路是新中国老一辈领导人的夙愿，也是全国各族人民的长久期盼。

1958年9月，在兰青铁路开工建设的同时，上万名铁路建设者开始了青藏铁路第一期工程——西宁至格尔木段的建设。铁科院由院长李泮明带队进行科研考察，他们兵分几路，由周镜带着两名助手到青海察尔汗盐湖勘察。

察尔汗盐湖位于青海省格尔木市，是中国最大的盐湖，也是世界上最著名的内陆盐湖之一，青藏铁路穿行而过。盐湖东西长160多公里，南北宽20—40公里，盐层厚约为2—20米，面积5800平方公里，海拔2670米。这里气候常年干燥寒冷，四季盐碱风肆虐，寸草不生，极目望去地面犹如下了一层厚厚的白雪，自然环境十分恶劣，被称为"生命的禁区"。

青藏高原雪山绵延，空气稀薄，在周镜他们眼前，大地没有一丝绿意，白茫茫一片，脚下咔嚓咔嚓踩着厚厚的盐巴。在这里即使站着不动，心脏负担也相当于在平原背着重物爬坡。初来乍到，他们几个人都有高原反应，气喘、头疼、食欲减退、举步维艰，但是谁也没有退缩，大家在这样恶劣的条件下扎下根来，坚持科考工作。

从1959年开始，在周镜的主持下，土工研究组开始了盐湖地基的研究工作。盐湖上火车能不能过，盐湖地基要做怎样的处理？这是周镜他们要做的工作，也是一个交通建设史上的世界级难题。

为了取得第一手研究数据，他们在野外扎起帐篷，一住就是几个月。他们勘探了盐层的厚度，做了地基承载力。就是探明盐层到底有多

周镜传

厚，能不能承载路堤？能不能让火车安全通过？还有就是盐湖会不会融化？怎样"安哄"住盐层不使其融化？

盐遇水化。盐土路基最怕有水。那里的年降雨量只有两毫米，基本上影响不大。另外还有就是压力和振动对它的影响，因为压力和振动会产生热能，理论上也会促进盐层融解。这样的观测、研究、取样、试验，一直持续了一年多时间，到后来，周镜他们终于摸清了盐层的底数，最后他们依据试验得出了结论，为青藏铁路施工取得了宝贵的经验，确保蜿蜒天路在盐湖之上安全通过。

周镜是一个专注于科学研究上瘾的人，他深知自己的责任和使命。他的工作需要他在野外进行勘察和试验，这让他几乎忘记了节假日的存在。对他来说，每一天都是新的挑战和探索，他全身心地投入到工作中，节假日，成了早被他忘记的词语。

有时候，是发放的两小袋花生米和两盒香烟，提示周镜节假日到了。他们也乐于享受这样过节的福利，这种远离家人的小温暖，让他们知道，他们的跋涉与坚守付出是为了更大的目标和更广阔的未来。沿着延伸的路基一路走来，周镜他们笃信，无论前方遇到什么困难，只要坚持与钻研，所有的难关都能攻破。

记得在格尔木的那个春节，周镜和他的同事们一起度过了一段简朴而温馨的时光。他们相互鼓励，共同分享着工作和生活中的点滴喜悦和困难。尽管身处艰苦的环境，但他们心中始终怀揣着对科学的热爱和追求。这个春节，大家讲工作和家庭故事，在交流中交心，让周镜更加坚定了自己的信念。遐想未来的日子，他相信，只要心怀梦想，勇敢追求，无论面对什么样的困难和挑战，他都会坚持不懈地前行，直到达到自己的目标。

在昆仑山口，这里氧气含量只有内地的一半，"到了昆仑山，气息已奄奄……"一首在高原地区广为流传的民谣道出了青藏铁路沿线生存

第六章 为岩土把脉的人

环境的恶劣。而在铁科院的院史陈列馆，陈列着这样一张老照片，周镜站在昆仑山口，戴着皮帽子、身穿老棉衣，目光坚定、微笑着望着远方。这就是他当年工作的精神写照。是的，无论在什么情况下，他都乐观积极，阳光向上。

1975年，青藏线要通过察尔汗盐湖地区，铁路建设者不仅要修建道路，还要在这里修建火车站。因为是盐湖地质，当时连推土机都开不进去。遇见了盐性软土，路基就一直往下陷。周镜的同事杨灿文带着队伍过去，帮助解决了问题。那里是饱和粉细砂地基，他们应用饱和砂土振稳密度特性进行判断，其地基在列车振动荷载作用下会产生振动液化问题，提出采用挤密砂桩加固的技术措施取得成功。

周镜在昆仑山口考察

随后，铁路建设者和科研工作者密切配合，共同努力，采取以砂治盐、打挤密砂桩等方法，在察尔汗地区的盐湖上筑起了一条牢固的晶体路堤。这条被称为"不见桥墩"的万丈盐桥，成为青藏铁路建设中的一项杰出工程。1984年5月，青藏铁路第一期（西宁至格尔木段）建成通车。自那时起，青藏铁路一直保持良好的路基工程状况，为西部地区的经济发展和人民生活带来了极大的便利。

周镜在《十年来铁路系统岩土工程的发展》（1989年）一文中这样写到"盐湖路基工程"：青藏铁路通过察尔汗盐湖地区的路基所遇到的

周镜传

特殊问题是我国铁路工程中曾遇到的最复杂的问题之一，铁路路基直接修筑在超饱和盐卤表面的盐壳上，盐湖两岸还有超盐渍土和易液化的饱和粉细砂，为修筑这段铁路，曾在超盐渍土地段修建实验路堤进行长期观测，对盐湖上盐壳的厚度、溶洞发展的规律、盐壳的承载力、盐渍土填料的性质等做了长期的观察和室内试验。最后提出了危害毛细水上升高度的概念，并以此作为设计路基最低高度的依据。溶洞处理的方法和路基修建的原则，为解决列车振动引起饱和砂地基动特性实测了振动稳定密度的范畴。采用简易的震动钢管成桩机具，打挤密砂桩将松砂加固到要求的密实度。盐湖上直接修筑铁路在世界上尚无先例，这项工程为我们积累了丰富的经验，也为岩土工程的内容增加了新的篇章。

读他的学术文章，像欣赏文笔晓畅的散文，给人赏心悦目之感。如今，青藏铁路从察尔汗盐湖坚硬的盐盖上穿行而过，宛如一道钢铁纽带，托起了民族团结的七彩长虹。

周镜和同事们像祖祖辈辈生与斯、长于斯的农民一样，深爱着脚下的祖国大地，他们怀着赤子情怀，将不倦跋涉的足迹踏遍大江南北、长城内外。周镜即便年过花甲，即便当上了院士，他一有机会就乐于到施工现场，去数据采样和试验检测。他的理论联系实际的学术观点、实事求是的严谨学风，身体力行、事必躬亲的工作作风，深深影响着一代又一代铁路科研人。

他深情地和我们说："爱因斯坦在二战期间，尽管身处战火纷飞的岁月，却从未停止过他对科学的探索和研究。那时，没有人给他提供任何的经济支持，但他仍然坚守在自己的科研岗位上，这是非常值得敬佩的。"

他感言：我国的许多科学家也是如此，他们都有着无私的奉献精神。比如钱学森、邓稼先等，他们在"两弹一星"及航天事业上建功立业，他们的一生都在为了国家的科技事业而奋斗。他们的人生准则是

"干惊天动地事,做隐姓埋名人",他们的崇高精神深深地影响了我。

老人的眼神中充满了敬仰和感慨,他说:"他们都是我的榜样啊!他们的坚韧不拔、无私奉献的精神,让我深感敬佩。我希望我也能像他们一样,为我所热爱的事业奋斗到底!"

2023 年 7 月 1 日,西宁至格尔木的 C891 复兴号动车组从西宁站驶出,在广袤的青海大地上飞驰而过,驶向戈壁"盐城湖"格尔木。标志着青藏铁路正式迈入动车时代。

巍峨昆仑,苍茫草原,见证了世界铁路建设史上的奇迹。那一条神奇的天路,也凝聚了以周镜老院士为代表的几代铁科人的心血和智慧。站在前辈曾经战斗过的地方,仰望他们看过的天空,今天的铁科人意志坚定向前进。

周镜传

沙海中探索筑路

"在科研工作中,每一项成果的取得,靠的都是集体的力量,绝不是单兵作战的结果。老一辈铁科院的人,不言苦,不言弃,他们那份无怨无悔的付出,为今天铁科院的发展壮大奠定了坚实基础。"周镜回忆起往事,动情地说:"铁路精神是一代代传承的,前辈们是先行者、开拓者、领路人,他们用青春年华和无悔付出书写了浓厚的铁路情怀。"

他在《风风雨雨人生路》一文中写道:

"那时去兰州要在西安转火车,一次我和许鉴所长因为火车晚点,到西安时已经是深夜。好不容易才找到一家'鸡鸣早看天'的客店,是土炕通铺。店伙计关照我们睡觉时,把鞋子压在枕头下,否则早起找不到鞋子概不负责。说实话,我还是第一次进这种客店,可是许所长二话没说,爬上炕就睡。许所长可是20世纪30年代的美国留学生啊,在新中国成立前他就担任总队长,他不怕艰苦亲自去现场参与具体工作,前辈的精神给了我深刻的教益。"

是啊,正如周镜所言,和人们印象中的科研工作不同,铁科院的许多科研人员,常年在野外进行科考,风餐露宿,跋山涉水,对他们来说,真的是在用生命从事着心中神圣的科研事业。

1958年8月1日,银川城里锣鼓喧天,人们扶老携幼早早来到银川火车站,火车站已经铺设好的两股线路上停放着两列南北对开的火车,一列是开往兰州的,一列是开往包头的,这就是包兰铁路当时开通的情景。对于银川,很多老人如今依然记忆犹新,提起来依然激动不已。人们激动,亢奋,他们万万没有想到,铁路有一天会穿过茫茫沙漠,修到他们的家乡。

这就是我国第一条沙漠铁路——包兰铁路。

第六章 为岩土把脉的人

中国的戈壁荒漠面积大概有 120 万平方公里，它们横亘在中国西北部的干旱、半干旱地区，漫天的黄沙不仅严重影响工农业发展，更是阻碍了当地人民群众与外界交流沟通的途径。

为了改善民众的生活，真正推动大西北的发展，国家决定在甘肃兰州与内蒙古包头之间修建一条贯穿沙漠的铁路。

在包兰铁路修建过程中，约 140 公里长的沙漠地段成为最大的难题和挑战。由于沙丘结构松散，植被稀少，再加上沙漠频发的沙尘暴，本来就困难重重的铁路修建工作，雪上加霜，异常艰难。

为探索沙漠筑路的措施，土木研究室翁元庆副所长带着助手研究员等两位同志，自带炊具、粮食和水，骑着骆驼进入沙漠。他们在荒无人烟的沙丘中一个孤零零的、荒芜废弃的残庙里住了下来，观测沙丘的移动规律，做简易的固沙试验。这个地方有高大格状流动沙岭。这个地方就是宁夏中卫沙坡头。为了铁路能够顺利通过沙坡头，必须进行认真勘察，开展技术攻关。

可想而知，翁所长他们几位同志遇到了多少困难，又克服了多少困难啊！周镜告诉我们，正是这艰难的第一步，为我国沙漠筑路奠定了基础，通过几代人执着地接续奋斗，现在中卫沙坡头已经成为国内外知名的治沙示范区。

在修建包兰铁路的过程中，重重困难更是前所未遇。经常会有 10 级以上的大风迎面袭来，顿时黄沙弥漫，天昏地暗。刚修建的路基不是被流动的沙丘覆盖，就是被狂风刮得无影无踪。经过太阳暴晒过的沙地，表面温度有时能达到 70 摄氏度，烈日炎炎，生活和施工用水每次都需要到十几甚至几十公里外补给，但就是在这样的环境下，建设者们、科技人员没有一个畏惧和退缩。他们在试验中从黄河的河滩就地取材，把大量的黏土、卵石与黄沙混合，用来加强沙土的稳固性。

1958 年 7 月，全长 990 公里的包兰铁路终于建成通车了。虽然通了

周镜传

车,但是大自然无情,这条铁路经常饱受风沙之苦,火车经常停开的情况时常出现。所以,如何防沙治沙就成了当务之急。

想要稳固住地表的沙子,最有效的办法就是植树造林。利用植物发达的根系对沙丘起到固定作用。在腾格里沙漠,很多地方沙尘稳定含水量仅仅只有3%左右,每次大面积平铺种植的植物,不是被风连根拔起,就是因为缺水而枯死。国外的专家预言说包兰铁路存活不了30年就会被沙子淹没。

那么究竟如何保证植物的存活率呢?在中卫固沙林场的帮助下,科研人员对风沙流进行了观察分析,摸清了沙丘类型活动等规律,积累了大量数据,他们把麦草平铺成圆形、三角形、方形等各种形状,经过反复试验,探索出"草方格沙障技术",慢慢找到了治沙的奥秘。那就是把麦秸秆平铺在沙地上,用铁锨从中间扎入沙子15厘米左右,形成了1米乘1米的方格,再在方格里面栽种沙蒿等沙漠植物。落叶与腐败的麦草就会渐渐形成沙皮地有机物质,再引进黄河水灌溉,最终以蚂蚁啃骨的精神,积少成多,聚沙成土。包兰铁路,保持正常运输秩序,再也没有被流沙淹没。

沙坡头距离宁夏中卫市西20公里,在腾格里沙漠东南,濒临黄河。奔腾的黄河穿峡越谷,从黑山峡流入中卫境内,如草书中神奇的一笔,至沙坡头一个急转弯,改其汹涌奔放而渐趋平缓,大自然鬼斧神工,造就了神奇的自然景观——沙坡头。

今天,中卫至甘塘55公里铁路两侧,已经让人们看到理想变成现实的绿色长廊,一路之上都是绿色。这就是举世闻名的沙坡头治沙奇迹,铸就了世界治沙史上的丰碑。经过长期治理,沙漠表面沙结皮和植被覆盖度逐渐扩大,使地面流沙移动速度不断降低,为沙漠铁路构建了一道绿色屏障。

现如今,沙坡头成为全国著名的旅游风景点和世界著名治沙示范地

1961年铁道科学研究院工作十年以上同志合影

区。这里有中国第一条沙漠铁路,这里又是世界上第一个国家级沙漠自然保护区。

当人们惊叹眼前的美丽景色时,可曾想到当年的铁科院的工作者和他们在荒漠中艰辛跋涉的身影……是的,支撑他们从艰苦岁月一路走下来的,是对脚下这片土地的热爱,是对科研事业的信仰。

在铁科院,从来不缺少故事,故事里有血有泪,有苦有累,但是没有后悔与退缩。铁科院的工作人员扎根基层、默默坚守,甘坐"冷板凳",把一个个冷门研究变成了"热学科",在科研中实现着人生价值。几十年来,一代代科研工作者接力奔跑,创造了一个又一个科研奇迹。爱路、爱国、奋斗、奉献……这些精神特质早已融入铁科人的血液里。赤子丹心,上下求索。为真理,为国家,更为中华民族之伟大复兴。

周镜传

攻克承重式挡土墙难题

在20世纪50年代的中国西南山区，铁路建设是一项艰巨的任务。由于该地区地形险峻，修铁路挡边坡时总是需要修建挡墙来支撑路基土体或山坡土体，以防止填土或土体失稳变形。这种特殊的结构物被广泛应用于路基工程中，以稳定路堤和路堑边坡，减少土石方工程量和占地面积，防止水流冲刷路基，并经常用于整治坍塌、滑坡等路基病害。

一般的挡墙有重力式挡土墙、悬臂式挡土墙、锚杆挡土墙等。铁道部第二勘测设计院针对这种情况提出了一种新的重力式挡土墙，即衡重式挡墙。这种新型挡墙的设计理念是将普通的重力式挡土墙四边形断面靠填土一侧上部切掉一角形成衡重台，在衡重台上以土重代替圬工重，既可以使断面较为经济，节省一些填料，又增加了稳定力矩，这就可以省一些挡墙的石方面积和体积等。这就是衡重式挡墙的优点和独到之处。

然而，在实际修建过程中，衡重式挡墙也出现了一些问题，主要是挡墙顺着上墙和下墙横向开裂。为了解决这一问题，铁道部有关部门组织专家进行研究。经过分析，发现挡墙开裂的原因有两个方面：一方面是在设计上，土压力计算方法不够完善；另一方面就是施工质量。于是周镜又被推到前台，牵头负责主持这个部控科研项目。

为了深入了解挡墙开裂的原因，周镜组织力量进行了一系列试验。他在室内用铝的材料，代替沙子，做小型模拟平面试验，用照相的办法来看用铝代替沙子，受力破坏时是怎的形状。通过试验，他发现挡墙上面出现不止一个破裂面，有第二破裂面。他又把材料变成沙子，来做模型试验，同样的可以观察出来，它的破裂面并不是和设计时候假定

第六章 为岩土把脉的人

的一样。原来大家理论上假定只有一个破裂面,上面和下面分开。现在通过试验看出来,还有第二破裂面。

周镜总结这次试验时说:"这第二破裂面的出现并不是我们创造的,土力学、经典力学中都提到,在不同的边界条件下,条件不一样可能会出现这个第二破裂面,可是我们设计人员实际上没有真正的理解,只是根据一般规范所说的在没有这种边界条件下来进行设计。我们经过模型试验后,得到了列车荷载影响是怎么样的,和设计院在假定的条件下

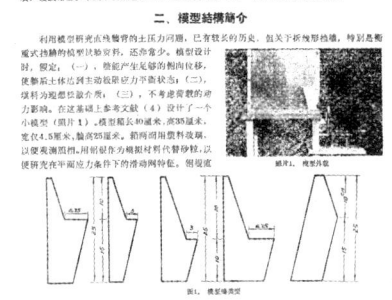

周镜《衡重式挡墙后填料的滑动网特征》

有什么不同,也就是设计假定的一些条件是不符合实际情况的。"

就这样,周镜通过用铝棍模拟填料平面问题,用摄影法观测小模型墙后填料滑动过程,观测到衡重式挡墙后填料中滑动网出现第二滑动面的特征,并在较大的砂填料模型中得到验证。在此基础上,他提出了第二滑动面计算衡重式挡墙上墙土压力的方法,解决了我国山区铁路建设的一个重大技术难题,后来该方法被铁路标准图设计所采用。

一般情况下,当地面作用有局部荷载时,墙后填料中最不利滑动面可能出现的范围(荷载范围内、外或通过荷载边缘),必须经过烦琐的试算过程。周镜提出了确定墙后滑动面出现范围的判别式,显著地简化了土压力的计算过程。该研究成果具创新性,于1963年在《土木工程学报》发表后,被推荐在1964年《中国科学》对外英文版上刊登,引

起国内外同行的关注。

  周镜带领团队用智慧和汗水，挺起了中国铁路的科技脊梁，践行着共和国最早的工匠精神。他们的努力不仅为我国山区铁路建设提供了有力的技术支持，也为后来者树立了榜样。

第六章 为岩土把脉的人

智斗乌蒙山区的淤泥地

贵昆铁路自贵州省贵阳市至云南省昆明市，是我国当年三线建设的重点项目，于1958年8月开工，1966年3月建成。它是贯通滇、黔两省的主要铁路干线，自贵阳向西南，经安顺、六盘水、宣威、沾益、曲靖到昆明，全长643公里。作为连接云贵两省的交通大动脉，贵昆铁路弥补了当时全国铁路网在西南的缺口。

这条铁路翻越乌蒙山脉，蜿蜒于云贵高原，其间山高谷深，陡壁悬崖，地质结构异常复杂。在贵昆铁路建设遭遇瓶颈期时，著名数学家华罗庚曾亲赴贵昆铁路进行运算指导，多次实地考察梅花山隧道。他赋诗赞铁道兵："今日梅花怒放，明朝杜鹃满山。铁道兵巧手绘蓝图，彩虹铺上云天。不畏艰难险阻，何惧水深石顽。十万大山已凿穿，凯歌直冲霄汉。"（来源：央广网、《云南新闻联播》）

诗中情境，可见当时修筑的难度和筑路大军的豪迈。

那时，周镜也来到了西南山区，参与到轰轰烈烈的贵昆铁路建设当中。这里就成了周镜和他的同事们拼搏奋斗的新战场。

这里的气候是冬少严寒，夏无酷暑，潮湿多雨，阴雨连绵。当地人俗话说，"天无三日晴，地无一尺平"。周镜带着行李、行军床，跟大家住在工地的帐篷里。帐篷里满地都是泥水，行军床就如同支在泥地里一般。床上的被褥永远都是潮乎乎的，衣服洗了也干不了，难得见上一回太阳。明媚的阳光、晴朗的天空，在这里都是一种奢望。

这样恶劣的地理环境和气候条件，加上频繁降雨，让这里的土地变成湿软的淤泥地。在这样的地方修铁路与黄土高原上的作业是截然不同的。在这段铁路修建过程中，他们遇到了意想不到的困难。

由于地面泥泞、湿滑，所以在路基修建过程中，经常会有路基桩陷

周镜传

在淤泥地里面，取也取不出，固定也固定不住，这样的情况，严重影响了工程的正常进行。

滥坝至水城段，长度约 30 公里，路基通过喀斯特山间洼地，普遍沉积有饱和软黏土。施工时，该段范围内许多工点发生路基坍滑事故。为攻克难关，铁道部抽调设计、科研、施工三个部门人员，组成路基病害科研战斗组，负责该段线路的技术决策。周镜是战斗组副组长之一。

这对周镜他们来说，又是一个巨大挑战。此前，在山岳地区修路，很少遇到大量软土。而在西南地区，山高谷深，路基工程重点多在滑坡、崩坍、泥石流地区。但是像滥水段这种高原上的低丘浅挖，没有引起足够的重视，而忽视了隐伏的淤泥软土。况且这里的软土地基病害分布广泛，内容复杂。

那时，我国铁路修建也有了一些克服软土的招法，主要是以卢肇钧领衔在宁波那里修铁路取得的经验。但拿那些经验用在这里不能奏效。一方面是没有现成的经验可以参考，另一方面，周镜所学的中外土力学知识，也没有一个先例可以借鉴。

他来时是半夜到的工地，看到工地有一处填土，晚上停工了，压路机都停在上面，已经修到了 9 米多了，一下就滑下去，连机器都滑下去了，平移出去 100 多米。这种状况还不止一处。面对眼前绵延 30 公里的淤泥地，周镜一个工点一个工点去看，确实坍塌很严重，有十几个坍塌点，有的滑坡滑出了 200 多米，好似下面有个镜面平台一样，填土很平滑地推了出去。而且各个点的问题都不一样，他走完这些点，心里没有一点头绪，一下子就犯了难。

山区的软土与沿海地区软土相比，一般厚度较薄，层级复杂不均匀，强度更低、固结慢、压缩性更大。30 多公里，要是靠人工一点点地挖，不知道要挖到哪年哪月。显然人力清理力量不够，不能再用这种笨方法了。要找到一种新方法。

他脚下的雨鞋沾满了泥巴，厚厚的一层想甩都甩不掉。他一下子来了灵感——用外力改变淤泥的组织结构，然后趁机采取加固措施……由于道路湿滑，一走神摔倒了，浑身上下都是泥巴，他却高兴地顾不上这些，爬起来，光着脚、提着鞋，赶紧回指挥部。把刚才的想法告诉大家，一起讨论，拿出方案，研究如何在这样的环境里面建设铁路。

战斗组拿出方案，尝试着将炸药埋在软土淤泥当中，通过爆炸释放的巨大能量，破坏淤泥原本的状态，并且马上回填坚硬的石块，然后再就地填入支架，稳定路基。这就是后来总结出的"爆破排淤法"。

这个问题解决了，又一个问题接踵而来。有一个工点的桥头总是出现滑坡，用了很多方法都不能解决问题，大家都很头疼，周镜更是为了它吃不下饭，睡不着觉。

以往对于软土处理，周镜他们有一些经验。在单位，每周有半天时间，卢肇钧、周镜都会招呼同事们，坐在一起互相介绍、交流技术经验，讨论问题。虽然有些工程周镜没有直接参与其中，但是问题和难点如何处理，他都认真详细地记录在本子上，以备后来工作参考。周镜是善于总结的人，他从以往的工作中认识到：一定要自己多看，在工作中不断总结吸取经验。书本上的知识往往和观测结果是不一样的。所有的书本知识，都要与实践相结合。尤其他们从事的这个学科，因为我国地域广泛，土质多样，修建铁路实际遇到的情况远比书本上复杂得多。

这天，紧张工作的周镜又开始了连吐带呕，这种症状，他已经持续了很久，有时候，半夜肚子疼，疼醒了，就爬起来吃片止痛药。但他就这么硬撑着，他知道现在是关键时刻，轻伤不能下火线。单位领导多次让他赶快去就医看病。他总说："没事的，我这是十二指肠溃疡，吃点药顶顶就过去了。"由于长期风餐露宿，艰苦劳作，再加上生活不规律，这里的气候和接踵而来的工作压力，更加重了他的病情。这次他吐了血，突然就晕倒在了施工现场。

周镜传

大家赶忙把他送到卫生所救治。他苏醒过来，医生说他是因为贫血而休克，让他好好静养，调理身体。周镜哪里躺得住啊！工程如同战场正在关键时刻，仗打得正酣。他是指挥者之一，下一步出现什么情况，采取什么措施，他不在现场怎么知道？待在卫生所会影响工程进度。他说服医生，开了一些消炎、止痛药，跑了出来，直奔工地而去，又投入到紧张的施工作业中。

这时候，他的身体非常虚弱，脚底如同踩棉花一样没有根，但是头脑是非常清醒的，信念更是坚定的——那就是千方百计解决遇到的难题，确保工程顺利推进！而且这时候，他的大脑没有停止运转，他已经有了新的想法来解决这个滑坡问题：做桩排架挡墙。就是在坡脚打一排矮桩子，把坡脚的土挡住，坡脚挡住了，上面的土就滑不下来！这个办法又快又经济。

在寻找合适的桩源时，他们又面临着一个棘手的问题：真正的桩，无论是木质的还是钢材的，目前都没有现成的。如果从外部运进来，由于时间太长，根本无法满足紧迫的工期要求。因此，他们只能考虑就地取材，根据现场情况因地制宜地选择合适的材料。

在前往工地的路上，周镜发现了堆在路边不用的电线杆。于是，他决定采用这些电线杆作为替代桩的材料。然而，仅仅有一个想法是不够的，打桩还有很多技术要求，他们还需要进行具体的设计和试验。

最关键问题是如何将电线杆嵌入基岩中？如果无法嵌入，桩架可能会被挤压而失去稳定性；但如果要嵌入，电线杆的钢筋、混凝土强度可能无法承受锤击，容易破碎或折断。面对这个难题，周镜带领着团队在现场进行研究、讨论，并最终找到了一种解决方案：利用钻机在电线杆内钻孔，然后插入方钢进行灌浆锚固——就是往电线杆的空心里灌浆，增加其强度。

尽管这种土方法是首次尝试，根本没有经验可供借鉴，但周镜并没

第六章　为岩土把脉的人

有气馁或动摇。他坚持细心研究揣摩，经过多次试验后终于取得了成功，解决了这一难题。

接下来，他们又进行了详细的计算和设计工作。他们将电线杆制作成桩排架，并选择工点进行预压试验。预压重量与设计荷载相当。在架桥机通过时进行试验，测量受力挡墙的压力。周镜仔细观察它们是否发生移动。通过科学周密的试验，当他们发现这个桩排架非常牢固，没有任何问题时，大家都开心地舒了一口气。

这样，周镜他们成功地保证了铺轨的安全。这种使用桩排架的方法，作为斜坡软土路堤坡脚下埋式支挡的方法在国内尚属首例，国外也未见有相关报道。周镜和他的团队又一次在攻坚克难中取得巨大的成功，更是为后来者提供出解决类似问题的方法。

多年来，周镜始终坚守着一个工程师的职业信念：对于他所负责的工程项目，无论设计如何，无论遵循何种规范，他都必须全力以赴。他不顾病痛，坚韧不拔地坚持工作，指挥大家采取多种方法加固软土路基，指挥大家又采用爆破砂桩、爆破排淤、埋入式排架挡墙等多种方法加固软土路基措施。大家看到，不管白天黑夜，他经常出现在塌方处所，分析原因，研究方法，参加抢修；出现在基坑底，一锹锹、一铲铲挖淤泥，查探岩层深度，评价承载强度，考虑是否下基；出现在沉井内，摸遍沉井底坑坑洼洼的岩层，确定沉井刃脚的落底情况；出现在打桩架下，抬桩，观测打桩的贯入度；出现在淤泥坑里，挖淤泥，做试验；还经常出现在钻架下，和钻探工人一起扛套管、起钻头，取试样。总之，哪里有问题和难题，哪里就能见到他执着的身影。

工人们对这样的专家怎能不肃然起敬呢！大家干劲十足，心往一处想，劲往一处使。很快，他们齐心合力治服了30多公里范围内大量软土路基的病害，确保了贵昆铁路按期铺轨通车。

贵昆铁路铺轨一个月后，善于归纳和总结的周镜，立即着手主持编

周镜传

写了《滥水段软土路基病害处理总结》，全面介绍了各个处理工点的技术资料，留下了共和国铁路建设史上一份宝贵的技术档案。

铁路开通了，周镜领到了一份珍贵的礼物做纪念，那是一个白搪瓷茶缸，上面印着红字——贵昆铁路开通留念。周镜很珍惜这个大茶缸，每次痛快地喝水都不忘看上几眼，也会不由地想起那段难忘的经历。直到现在说起贵昆往事，周镜的脸上依然会流露出深深的眷恋。

贵昆铁路的工作刚刚结束，周镜没空休息，立即转战到了成昆铁路的工地上。在那里，他被任命为路基战斗组的副组长和锚杆战斗组的组长。这是一个责任更为重大的职务，需要在前线亲自指挥，攻坚克难，确保工程的顺利进行。

在修建成昆铁路的过程中，周镜和他的团队采用了挖孔桩这种新兴

周镜获得"国家科技进步奖"特等奖证书

的技术来处理滑坡问题。在当时,这种方法在国内尚属首创,在国际上也处于领先地位。挖孔桩是一种埋在地层中的横向柱子,直径1到2米的柱子需要深入地下10米左右才能完成。由于当时没有机械辅助,所有的工作都需要依靠人工来完成。然而,他们成功地利用挖孔桩处理了滑坡问题,这也是他们首次尝试就取得成功的成果。

成昆铁路的建设过程中,周镜和他的团队还广泛推广应用了锚杆、挖孔灌注桩等新技术。作为主要参与者,他创建的"成昆铁路新技术"项目在1985年获得了国家科技进步特等奖。这个奖项不仅是对他个人的认可,也是对团队努力工作的充分肯定。

他们成功攻关克难,取得了扎实的成绩和国内领先的科技成果,这些成果令人瞩目。

周镜传

国庆登上天安门

1966年国庆节，周镜作为铁路系统的两名科技代表之一，被邀请登上天安门城楼与中央领导一起参加国庆十七周年观礼。

现在回想起来站在天安门城楼的情景，他仍然历历在目，"我特别激动、感到万分荣幸和自豪。"这是他最光荣的一天。

1966年国庆节前夕，周镜还在贵昆铁路线施工现场。那天，他接到上级通知，赶紧就赶回到北京。铁道部部长吕正操先接见了他们几名代表，然后给他们发了请柬"中华人民共和国1966年国庆观礼邀请函"。那一刻，他激动得不敢相信自己的眼睛，同时还有些紧张和忐忑，自己没有弄清是怎么回事。

登上天安门城楼，参加国庆观礼，这些都是他从来没有敢想过的事情。他也不知道单位为什么让他去，就是现在我们问他，老人也不知道当年到底是谁推荐的他，需要怎么个程序，需要具备什么条件。他说："通过自己这件事就能体会到，国家是公正的，国家对知识分子是重视的，我这个小人物，没有任何背景，竟然登上了天安门。这是多么大的荣耀啊！这在国外，根本不可能的。"

回想归国后的这些年，他始终没离开一线，结合生产建设实践，开展科学研究，将科研成果应用于实际工作，解决生产建设中的实际问题。有了一点小成绩，可都是依靠铁科院，依靠土工研究组的同事，一起努力干，才取得的呀。如今自己作为铁路代表去观礼，这是铁路领导对自己的信任和肯定，也是对自己的鼓励和期望啊！

国庆节这一天，节日的天安门城楼装扮得喜庆、隆重，城楼两边彩旗迎风飘扬，城楼上悬挂着大红灯笼。周镜和铁路系统的其他代表随着队伍一起登上天安门城楼。

他放眼望去，宽阔的天安门广场成了红色的海洋，人群方阵中不断地打出"中国共产党万岁""祖国万岁"等标语口号。周镜他们从城楼东侧走向城楼西层的观礼台，他看到党和国家领导人笑容满面，向他们招手致意。他近距离地看到了过去只在报纸上看到的党和国家领导人，聆听了领袖的讲话，如同春风拂面，内心激荡着一股幸福的暖流。

当天晚上，代表们又来到天安门观礼台看国庆焰火。周镜看到了璀璨的礼花绽放，彩色的气球飞舞，欢庆的群众热情高涨。他看着这一切，眼里闪着激动的泪花。他对自己祖国的强大、民族的团结，而感到无比的自豪。

第七章 中国牌知识分子

"下放劳动也是一种学习"

形势的变化常常令人始料不及。就在这一年,"文化大革命"开始后,铁科院里大会小会不间断,原来受尊敬的知识分子一下子成了"臭老九"。

周镜一家三口都被下放,说是上山下乡,去广阔的农村锻炼。初中还没毕业的儿子,就响应号召去云南的一个农场锻炼。他的爱人周小松也被下放到了一个偏僻的农村改造劳动。周镜则跟着同事们,一起被下放到焦枝铁路河南临汝大桥劳动。

在那个特殊的时期,李泮明书记作为院里的领导,他知道周镜身体不好,特意给了他一些好的止疼药,让他带在身边。李书记关切地嘱咐周镜:"要劳动了,你还得跟着去,你要量力而行啊!"李书记对他的关照,周镜如今都记在心间,感激和感动着。

周镜传

到了建设工地，年长体弱的同事被安排去食堂做饭。而周镜的工作则是抬石头。大卵石被放在筐里头，需要两个人合作，一人抬一头。一位工人师傅看到周镜消瘦虚弱，便主动对他说："你以后干活就跟着我一组吧，我年轻体格好，重活我来干，我能照顾你的。"这番话让周镜心里倍感温暖。

在这个特殊的时期，周镜感受到了来自各方面的关爱和支持。无论是李泮明书记的关怀，还是那位工人师傅的帮助，都让他在特殊年月更加深刻体会到人与人之间的温暖和互助。这段经历也成为周镜成长中宝贵的财富，激励着他继续前行。他明白，无论遇到什么困难和挑战，都要坚定信心，勇敢面对，并铭记与感念身边那些给予帮助的人们。

在那段特殊的岁月里，周镜还算是幸运的。没有上台挨批斗，没有

周镜（第二排右三）在十三陵参加劳动留影

挂大牌子，没有被关押，只是不能开展正常的工作和研究。但周镜又是一个不愿虚度光阴的人，在下放期间，脑子里没有停止过思考，他买来纸张，晚上自己画呀写呀，争分夺秒研究岩土工程。

一年后，劳动改造结束。他们虽然又被召回到原单位，但全都"靠边站"了。铁道部就叫他参与天津铁三院桥涵地基规范条文编写工作。因为老的规范不能用，他就参考苏联和日本的规范，撰写材料。一个人经常骑着一辆破旧的自行车，穿过大街小巷，去铁道部编规范。动荡的年月，院里也不安宁，整天开批斗会，政治学习也特别多。因为参与编规范这件事，反而使得周镜有了安静的学习空间。

同年，他撰写完成了论文《地基土的极限承载力》（交通部科学技术情报研究所，1973年），为国内进一步研究地基土的承载力提供了重要参考。

在特殊的历史时期，周镜始终坚守着自己的职责和使命。他深知科学研究需要有扎实的理论基础和实事求是的态度，对于那些夸大其词、不切实际的行为，他是坚决反对和抵制的。

作为一名科技工作者，周镜既能够做到尊重科学、遵循科学原则，又能够通过灵活变通实现工作目的。他曾在参与桥涵地基规范条文工作时，有人提出不要进行钻探。这让周镜心里一惊，因为他知道没有准确的数据，就无法作出正确的判断。然而，直接反驳领导的意见显然是不合适的。于是，他以温和商量的方式，提出了一种新的方法："过去我们钻得比较多，现在我们可以少钻一些地方，一个桥台钻一个孔，这样我们就可以了解下面的情况，心里就有底了。"

他的言辞巧妙而婉转，既避开了矛盾，又解决了问题。那些人只得表示认可，并同意保留钻探。周镜内心长长地松了一口气，他以柔克刚的方式，在那个特殊的年代迂回婉转地尽量保证着工作的正常开展。

在特殊的年代，经历艰辛的中国知识分子，他们历经"虽九死其犹未悔",仍然一如既往地深深爱着自己的祖国和自己的事业。

的确,每个科学家都有自己的祖国,不能想象一个连自己的祖国都不爱的人,怎么会去爱全人类?孟子说:"老吾老,以及人之老;幼吾幼,以及人之幼。"讲的就是这番道理。爱国本是人类的一种自然情感,如同爱自己的家、爱自己的亲人一样,是源自内心的。而源自内心的爱,其本身就包含着因爱而必须承担的道义和责任,包含着因爱而必须承担的磨难和牺牲。中国的知识分子似乎从一开始就懂得这一点,所以他们能做到始终无怨无悔。

所以,一旦当春风带来春消息的时候,他们又满怀激情地投身事业了。

趁着住院学法语

周镜坦诚地承认,他从未想过自己会如此长寿。在49岁的时候,他的胃部就做手术切除了三分之二。然而,当他从病痛中恢复过来后,他下定决心要倍加珍惜自己的时间,要将有限的生命投入到无限的为人民服务之中。

自从河南下放回到单位后,周镜还是一直靠边站,参加会议、学习、撰写思想汇报成了他每天的主要工作,这些事情占据了他宝贵的时间,他感到非常焦虑和迷茫。在这期间,可能是心里郁闷,他的胃病症状越来越明显,严重时几乎不能进食,吃什么就吐什么,身体也越来越消瘦和虚弱。最终,他无法承受这种痛苦,只得前往北京隆福医院就诊。

经过一系列详细的检查,医生告诉他:"你的胃十二指肠溃疡非常严重,需要进行胃大切手术。"爱人和孩子都不在北京,他的父母和岳父母也于几年前相继去世了。身边没有一位亲人陪床,医生只能跟他讲手术中的危险、手术后可能出现的状况,等等,他听着那些专业术语,一头雾水,真是隔行如隔山呢,自己的身体自己一点儿都不了解,此时他只有信任地点头,在手术报告单上坚定地签下自己的名字。

要做手术了,他不怕疼,但一直有个担心,那就是麻醉对大脑的影响。他跟医生说出自己的担心,说自己从事科研工作,最好不要全身麻醉。

医生尊重他的意愿,采取了局部麻醉。

周镜"伤痕累累"的胃被切除了三分之二。手术后,他被推进重症监护室,醒来第一件事情,就是赶紧背几个俄语单词,检验一下自己的记忆是否受损。

周镜传

背单词，不仅仅是简单的外语学习，也是自己毅力与信念的试金石。

为了对付疼痛和烦躁，自己脑子里背诵单词，他随便想一个词语，比如"太阳"这个词，就用英文、日文、俄文、德文都背一遍，他看着房间的物品以及自己正在使用的血压表、吊瓶、氧气，等等，就统统用他所会的外文在心里默诵，他发现自己的记忆力没有受到丝毫的影响，心里踏实了很多。背单词，这招不错！这样时间过得很快，转移了注意力，疼痛就减轻了许多。

终于可以出院了。医生嘱咐他，以后要按时吃饭，少吃多餐，吃容易消化的食物。可是当时的条件苦啊，没有牛奶，没有鸡蛋，更谈不上什么营养品了。爱人和孩子都远在千里之外，他怕家里人担心，住院做手术这件事没有写信告诉他们。回到冷屋冷灶的家，没有开水，没有热饭，没人照顾。但是他丝毫没有觉得孤单。相反，因为养病，单位批了病假，他可以不上班，可以不去开那些大小会议，可以不去参加批斗会，暂时没人打扰他。这么宝贵的时间真是难得。周镜心想，纯粹躺在床上睡觉简直就是浪费生命。他列的第一项计划要立刻进行，那就是学习法语。

为什么要学习法语呢？这源于他一个深刻的体会和认识：在阅读英文杂志时，感觉能够接触到一些非常前沿的观点。而这些观点并非由美国人或日本人提出，主要是来自法国和德国。当时，他意识到自己所从事的专业领域，美国并非顶尖的，反而是法国和德国在这方面有着显著的优势。意识到这一点后，他下定决心要学习法语。

他的家中有许多关于法语的学习资料和书籍，这些书籍都是他的爱人周小松之前购买的。周小松的法语水平非常高，她的这些书籍无疑为他的法语学习提供了极大的帮助。

由于他已经学过英文和俄文，因此对于学习其他语言来说，掌握语法并不是一件难事。他曾经说过："外语并不神秘，西方的语言也并不复杂。在文法上有很多共同点，比如'学生'这个词，无论是德文、俄文、法文还是英文，发音都是差不多一样的。"他自学了德语、法语和日语，目的是为了能够阅读这些国家的专业书籍。一旦这些国家有最新、最前沿的研究发表出来，他都能够及时地看到和了解到。作为一名科研工作者，他深知自学的重要性。就像邓稼先那样，他能取得今天的成就，与他自己的学习和探索是分不开的。他们的业余时间都用于学习，因为他们永远都觉得自己的知识不够。学习外语，是为了自身的成长，更为了国家的繁荣强大多出力。

就这样，他在养病期间"偷得浮生半日闲"，自学了法语。后来他能够熟练使用法语字典，也能够阅读法文期刊了。周镜49岁这一年，他虽然做了胃切除大手术，食欲也变小了，但学习的胃口变得更大了。经历了病痛，他仿佛觉得自己的身体变得更加健康了，精神状态也更加旺盛了。尽管病愈后的他瘦了十几斤，但他感觉自己又获得了思想与认知上的新生，身心充满了活力和力量。

周镜传

唐山大地震的考验

天津新港，位于渤海之滨的海河口外北岸，是我国北部的重要港口，更是华北五省市的海上门户。特别是对于北京、内蒙古、山西等地区来说，天津新港不仅是出海口，更是一个进出口货物的集散港，是我国华北、西北和京津地区的重要水路交通枢纽。

自1949年新中国成立以来，经过三年的恢复性建设，天津新港于1952年重新开港。然而，20世纪70年代，随着中国与世界经贸往来的日益增多，港口货运量迅速增长，出现了全国性的压船、压货、压港局面。为了改变这一现状，1973年，在党中央"三年改变港口面貌"的号召下，天津港第三期大规模扩建工程正式开工。

周镜，作为一位优秀的工程师，被安排到这里参与这项重要工作。他所从事的仍然是老本行，主持天津新港铁路软土路基处理的课题。他和同事们来到天津新港，首先对这里的土壤进行了详细的查看和试验。

天津新港地处我国东部沿海，该区域的软土沉积层属于第四纪海相为主的成因类型。由于这个地区的软土特有性质，大部分工程采用的处置方法是置换法，也就是俗话说的换土。这种方法是用沙砾、石子、沙子等物料替换软土地基中的部分土体，或者在软土中掺杂一些石灰、水泥等，形成混合加固体。然而，对于天津新港这样的淤泥地，这个方法并不能够奏效。

新中国成立以来，铁路部门在软土区修筑高填路基，已积累了较多的经验。但在吹填土地区，如何在短期内修建主要受列车动载作用的低路基仍是一个新问题。当时周镜他们也感到很棘手。

为此，由北京铁路局、铁科院、交通部第一公路工程局、交通部天津港务管理局四个单位组成试验组，选择新吹填土区一段路基进行试验。

那时,周镜所在的土工室人手少,任务繁重,时间紧迫。他们几个人几乎常年出差在外工作,为了铁路建设奔波辛劳。

在新中国成立前,我国的铁路基本不存在基床病害这么一说,因为火车速度慢,火车数量有限,轨道上也没有那么多的车辆流量,就如同土路上跑牛车一样,对道路的要求相对较低。然而,到20世纪50年代,铁路流量迅速增加,火车数量激增,道床负载加大,加之路基排水不畅,常常出现翻浆冒泥的问题。正是在这个关键时刻,岩土工程这门学科开始在我国铁路领域受到重视,应用也越来越广泛。

当周镜和他的团队到达现场后,他们立即展开了一系列的观测、取土样和试验工作。在此之前,周镜在国外的资料中了解到了先进的观测方法和技术。然而,由于当时他们缺乏先进的仪器和设备,只能采用一些土办法来进行观测。幸运的是,铁科院拥有自己的工厂,工厂的师傅们能够自己制作一些试验设备。因此,周镜和他的科研团队与工人师傅们迅速打成了一片。周镜尊敬地称呼工厂的师傅为"老师",并深刻体会到搞技术研究离不开技术工人的支持和帮助。工厂里有一位中学毕业的麦朝明师傅,他的技术非常出色,帮助周镜解决了很多问题,连路基工程车都是工人师傅们亲手制作的。从这些工人师傅身上,周镜看到了铁路人不怕困难、自力更生的勇气和担当精神。

在天津新港项目中,周镜他们处理这里的软土用了短密沙井等方法。

试验段路基长120米,每20米分别用换填砂60厘米、换填砂100厘米、砂垫层、排水长砂井、生石灰桩和短密砂井等多种方法对地基进行处理。试验结果表明,生石灰桩和短密砂井可以明显地提高软土地基的稳定性,并决定大面积采用短密砂井加固路基。周镜提出的短密砂井和生石灰桩处理方案,取得了良好加固效果。

周镜传

1976年7月28日凌晨，河北唐山发生了举世罕见的大地震，毗邻唐山的天津港区里面修建的铁路都出现了不同程度的垮塌，而采用周镜他们提出的方法修建的路堤没有塌，经受住了大地震的考验。后来这个方法在新港建设中得到大面积推广应用。

随后，这个方法还用在了多条铁路线上。随着铁路建设的发展，铁路线越修越多，我国地域辽阔，各地的土质也是千变万化，各不相同。周镜和他的同事们，足迹踏遍大江南北，为了铁道线的畅通，为了确保地基的牢固，从没有停下探索研究的脚步。

自从周镜回国投身铁路工作以来，他所面临的问题和挑战远不止这些。无论是在铁路路基上，还是在路外，他都接触到了各种各样的软土问题。他深感，随着工作的深入，遇到的问题也越来越多，比如如何计算软土的沉降，以及如何处理这些沉降等问题。然而，这些问题并没有让他感到灰心，反而激发了他更加深入的思考和探究的勇气与动力。

每当回忆起自己的这些历历在目的工作经历，周镜总是满心感慨。他说："一个人的经验大致可以分为两种来源，一种是通过自己的实践得来的，另一种则是从书本中学习别人的经验。由于我们这个专业的特殊性，每个人的实践经验都与他们学习的书本知识以及他们接触的实际工作环境密切相关。因此，只有当你具备了扎实的基本知识和实践经验后，你才能在阅读相关材料和使用自己的经验时，理解其中的条件和限制，从而发现问题并解决问题。否则，如果只是机械地按照书本来操作，就很可能会犯错误。我在这方面的经验教训就是如此。"

他认为，科研工作的真谛在于，并不是你做了一件事后所有的问题都能解决，而是解决了一个问题后还会有更多的问题出现。这些问题都是随着生产经济建设的发展而出现和被发现的。因此，他深深地体会到，应用科学是离不开生产的，没有生产就没有那么多的问题。

同事们认为周院士主要有两个突出的特点：一是他总是以生产服务

20 世纪 70 年代土工室成员合影（第二排左三为周镜）

为首要任务，二是他始终坚持理论联系实际，不是空谈理论或者做无用的研究。周院士的课题总是能解决实际的生产问题，为生产服务。而且他能将理论知识与实际相结合，认为模型试验和有限元分析结合现场试验的方式更有说服力。

  周镜就是这样一个始终走在创新道路上的人。从那以后，他被同事们亲切地称为"给岩土把脉问诊的人"。然而，每当被问及这些成就时，他总是谦虚地笑着回应："从事我们这一行的，就像是医生给病人看病一样，只不过我们的患者是岩土。这点成绩与救死扶伤的医生相比，真的算不了什么……"

周镜传

努力把西方理论东方化

触探一词最早出现在20世纪20年代,是当时瑞典国家铁路局规定的一种螺旋钻,在其上施加固定的静荷载,将其旋入土中,记录每旋转25圈的贯入进尺数,作为衡量土质好坏的相对尺度。

静力触探是指利用压力装置将有触探头的触探杆压入试验土层,通过量测系统测土的贯入阻力,可确定土的某些基本物理力学特性,如土的变形模量、土的容许承载力等。静力触探在现场进行试验,将静力触探所得比贯入阻力(Ps)与载荷试验、土工试验有关指标进行回归分析,可以得到适用于一定地区或一定土性的经验公式,可以通过静力触探所得的计算指标确定土的天然地基承载力。

静力触探既是一种原位测试手段,也是一种勘探手段,它和常规的钻探—取样—室内试验等勘探程序相比,具有快速、精确、经济和节省人力等特点。此外,在采用桩基工程勘察中,静力触探能准确地确定桩端持力层等特征,也是一般常规勘察手段所不能比拟的。

20世纪50年代,我国才有专家学者研制了一台静力触探车,有研究人员用它研究兰州黄土的性质,这是最早使用静力触探研究土的工程性质的报道。当时的设备简单而粗糙。

20世纪60年代,我国在国际上首创了电测静力触探设备。静力触探采用电阻应变测试技术,直接从圆锥探头中测量其贯入阻力,并将圆锥的水平投影面积的平均阻力定义为比贯入阻力,这种探头成为单桥探头。电测探头与机械式探头相比具有无可比拟的优越性,使测定的贯入参数具有明确的物理意义。

到了20世纪70年代,周镜开始从事静力触探工作,起源于北京城市建设。

那时北京前三门建筑要进行设计、修建,这三座城门因为位居于皇城之前,故称为前三门。为了保证建筑物的牢固性和安全性,相关人员请铁科院进行地基测试。于是周镜带着他的团队人员,首次尝试用静力触探方法。

周镜(右)在静力触探车上工作

静力触探的基本原理就是用准静力(相对动力触探而言,没有或很少冲击荷载)将一个内部装有传感器的触探头以匀速压入土中。由于地层中各种土的软硬不同,探头所受的阻力自然也不一样,传感器将这种大小不同的贯入阻力,通过电信号输入到记录仪表中记录下来。再通过贯入阻力与土的工程地质特征之间的定性关系和统计相关关系,来实现取得土层剖面、提供浅基承载力、选择桩端持力层和预估单桩承载力等工程地质勘查目的。这种方法主要适用于黏性土、粉性土、砂性土。特别是对于地层情况变化较大的复杂场地及不易取得原状土的饱和砂土和高灵敏度的软黏土地层的勘察，更适合采用静力触探进行勘察。

　　静力触探的探头的尺寸和加工精度直接影响着触探的准确性。探头各部件中材质要求较高的是传感器，传感器是探头的心脏，对探头的测试精度、使用寿命起着决定性的作用。传感器应使用高强度钢材制作，并进行热处理。探头其余部件的材质要求并不高，用40Cr或45钢均可，也要经过热处理。经过工人师傅多次试验，在周镜的指导帮助下，我国第一台静力触探仪终于问世了。虽然外表粗糙，但是使用起来却很好用。

　　将圆锥形探头按一定速率匀速压入土中量测其贯入阻力、锥头阻力及侧壁摩阻力的过程称为静力触探试验。有了它，周镜他们经过试验，预估了桩的承载力。在前三门建设中，设计人员采用了他们的方法，减少了打桩的数量，为国家节约了大量资金。

　　同时用静力触探，他们结合前三门这些桩的现场试验，做了触探对比工作。北京地层主要是砂性土，又请铁道第三勘察设计院在天津新港软土上面做桩的试验，对比地层主要是软黏性土。在两种不同地层的对比分析结果，最终得出的数据报告结果迥异——其相关得数完全相反。

　　周镜提出了疑问，接着他们在北京、天津、南京等不同地方用静力触探做了很多试验，将各地取得的地层参数、试桩参数和触探参数进行室内对比模拟分析。为此周镜提出了静力触探确定桩承载力的综合修正系数法，并较系统地组织解决了静力触探应用中的技术问题。

　　在研究过程中，周镜不是完全靠室内试验，他是结合现场，通过对比和现场的真正做桩来进行。同事们感触特别深，"当时收集100组试验数据是很不容易的。包括载荷试验的桩、静力触探、压桩试验等。这些数据的收集需要耗费大量的时间和精力。但是，只有通过这些数据，才能准确地分析地基的承载力，制定出合理的规范。"周镜的这种方法得到了同事们的高度认可。

周镜在《静力触探确定打入混凝土桩承载力》一文中这样写道：静力触探工作性状与桩不同，不仅在于"尺寸效应"，还在于两者的应力场和所用材质不同。现有用静力触探计算桩承载力的一些方法主要考虑了"尺寸效应"，而对其他因素考虑不足。他根据大量试桩结果的统计分析，提出用静力触探估算打入混凝土桩极限荷载的综合修正法，并给出静力触探的端阻、局部侧摩阻和桩的端承、侧摩阻间的修正函数数值和关系曲线，可用于不同底层条件。该方法当时已在子牙河桥桩基工程中试用，并在一些地区进行初步验证效果较好，可供实际工程应用。

这篇论文发表在1979年《岩土工程学报》创刊号和第二次欧洲触探会议论文集。

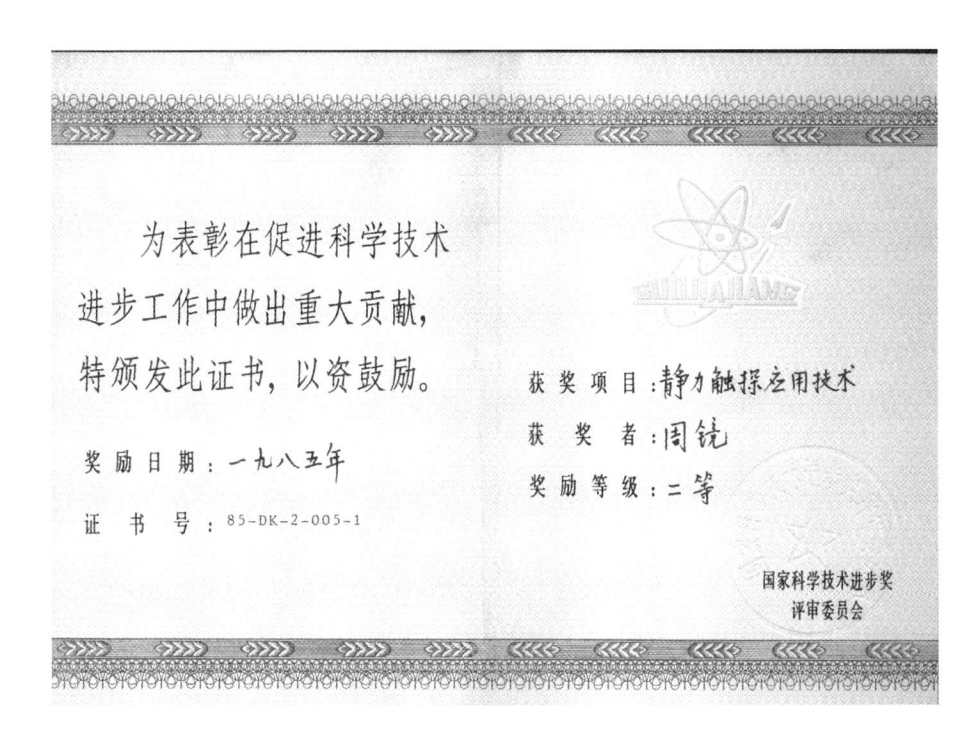

静力触探应用技术获得"国家科技进步奖"二等奖证书

周镜传

他主持的"静力触探应用技术的研究",使静力触探技术被广泛应用于铁路工程;他提出的"静力触探确定桩承载力的综合修正系数法",较系统地解决了静力触探应用中的技术问题。

值得一提的是,这项研究成果还在 1985 年获得了国家科技进步奖二等奖,进一步证明了其在该领域的研究价值和实际应用意义。

周镜院士对静力触探技术在我国铁路系统的创新应用进行了总结。他表示:"关于静力触探,铁路系统有两方面的创新:一是用它来确定桩的承载力,二是用它确定液化判断。这两个用途将静力触探落实到了桩基的使用中。在国际上来说,静力触探在我国的发展,推动了我们国家在该领域的科技水平向前迈进了一步。"

静力触探作为一种重要的勘探手段,在我国的工程勘察中得到了非常广泛的应用。它不仅提高了勘察的质量和效益,还为我国铁路工程的发展提供了有力的技术支持。可以说,静力触探已经成为一种必备的勘探手段,对于推动我国铁路工程的发展具有重要意义。

第八章 在科学的春天里

"土力学会"的秘书长

1978年，是中国历史上划时代的重要年份，这一年，举世瞩目的改革开放拉开帷幕，更迎来了科学教育的春天。

1978年3月，全国科技大会在北京召开。周镜作为代表参加了大会，有幸亲耳聆听了邓小平同志的重要讲话，在现场激动地听到邓小平同志阐述的"科学技术是第一生产力"的重要观点。邓小平号召全社会"尊重知识""尊重人才"，阐明了科学技术和科技工作者在社会主义现代化建设中的重要地位和作用，把广大科技工作者从长期"左"的思想禁锢和政治压抑中解放出来。

我国科学工作者迎来了一个崭新的春天，周镜和同事们欢欣鼓舞，为之振奋。在全国科技大会上，中央电视台向全世界介绍了我国7位著名科学家，茅以升是其中之一。在这次重要的大会上，周镜获得了"全

周镜传

国先进科技工作者"的荣誉，他倍感激动与自豪。

当年年底召开的中国共产党十一届三中全会，更让周镜欣喜地看到了中国的前途和希望。

这一年，58岁的周镜，经历了人生那么多坎坷砥砺与苦辣酸甜，国家和民族在周镜心中的分量越来越重了。谈起他专业研究所取得的成绩，周镜经常说，"一是离不开铁科院这片沃土，二是离不开中国土木工程学会土木学及岩土工程分会的帮助与支持。"

中国土木工程学会是周镜心中崇敬的科学殿堂，如果说周镜心里有一颗理想的种子，学会在周镜的科研事业中所起到的重要作用，就像深厚的土地。在这里，这颗种子在阳光雨露中发芽、生根、茁壮成长。对学会，周镜如一个赤子，内心始终心怀深深的感恩。

从这一年开始，乘着改革开放的东风，全国的科学研究工作，如雨后春笋般展现出一派勃勃生机。

从这一年开始，铁科院全面学习贯彻党的十一届三中全会精神，实现工作重点的转移，提出了"以科研为中心，加强科研管理，建立科研工作正常秩序"的工作方针。落实政策，平反冤假错案；加强科研管理，调整科研方向、任务，明确科研重点；建立科研工作正常秩序，健全规章制度，制定岗位责任；发展与国外铁路科研机构的合作与交流；科研工作得到迅速的恢复和振兴，成倍增长的科研成果像中秋的葡萄，一嘟噜一串串的，硕果累累。

也是在这一年，随着我国学会体制改革的进展，曾经陷于瘫痪状态的中国土木工程学会恢复了工作活动。在茅以升的建议和力推之下，中国土木工程学会北京分会土工组改名为中国土木工程学会土力学及基础工程学会，成为中国土木工程学会下面的二级学会，负责组织本学科全国性的学术交流，并推动有关学科的发展。1999年，为与国际土力学及岩土工程协会的名称相适应，改称为中国土木工程学会土力学及岩土

第八章 在科学的春天里

1979年"土力学会"恢复活动（第一排右一为周镜）

工程分会。

1979年12月11日，中国土木工程学会土力学及基础工程学会第一届理事会正式产生，并决定将学会秘书处挂靠在铁道部铁道科学研究院。

第一届理事会，推选茅以升先生担任名誉理事长，黄文熙先生担任理事长，周镜担任秘书长；第二届理事会，卢肇钧担任理事长，周镜担任秘书长；第三届理事会（1990—1995年），周镜担任理事长，挂靠单位是铁道部铁道科学研究院。第五届理事会以后，周镜担任学会顾问。

四十多年间，周镜全过程参与和主持理事会的工作，全力为中国土木工程学会服务，尽心尽力推动学会工作的发展。

我们知道，土地孕育生命，人类离不开土地。一切建筑工程都建立在土石之上，土，又是自然界最普通、最复杂的自然物。对土的利用虽

周镜传

然历史悠久,但从科学理论上去分析研究它,在中国却是很晚的事。直到 1925 年,太沙基创立了土力学基础这门学科,土力学作为一门科学才正式进入人们的视野。

新中国成立前,土力学研究在我国还几乎是一片空白。

茅以升是首先注意这门学问的人。1953 年,由茅以升先生创议,在北京成立了中国土木工程学会北京分会土工组,开展土力学及基础工程方面的学术交流活动,任务是集合各产业部门和学术单位中从事土工工作的技术人员,交流经验、学习国内外先进技术,并结合实际为产业部门解决工程问题提供专业技术协助。土工组成立时,经各方协商,推选茅以升和陈樑生为正副组长,下设地质勘测、土工试验、地基基础、土坡路基和土力学 5 个部,各项有关学术活动相继开展起来。

有耕耘就有收获。土工组的建立和各项学术活动的开展,得到了许多产业部门和教学科研单位的支持协助。自成立起,便举办了各种专题报告会、讨论会和参观活动。每次活动出席人数都在百人以上,大家交流讨论非常热烈,头脑中常常碰撞出科学灵感的火花。此外,为了适应广大学会会员当时对学习土工科学理论的迫切要求,土工组在专题报告和讨论会等经常性学术活动以外,增设了一个系统讲座。系统讲座的对象为各产业单位中从事与土工技术有关的工作而具有大学文化程度的人员。平均每两周举行一次,每次三小时。当时各产业部门报名想听讲的人数有近千人,但由于受场地和设备条件的限制,不得不采取限制名额的措施。

当时作过报告的著名专家有十几位,茅以升讲授土压力;陈樑生讲授承载力;卢肇钧讲授土中应力分布;陈仲颐讲授建筑沉降;饶鸿雁讲授土的物理性质……除了土力学和基础工程学的一些基本内容之外还有两方面的内容,一是勘察技术,一是工程地质、水文地质知识。我们可以看出,其中很多专家学者刚刚从欧美回国不久,怀着建设新中国的巨

第八章 在科学的春天里

1979年国内最早一批土力学专家合影（第二排右一为周镜）

大热情，做了很多开创性的工作，为后来者树立了榜样。

在此期间，周镜怀着难以言表的喜悦，风雨无阻地去听课和参加讨论。如参加《北京市工程地质资料的整理与全面勘测问题》的讨论、关于一九四八年苏联《工业及民用房屋及构筑物天然地基设计标准及技术规范》的讨论、（土的）分类试验及取原状土的讨论，等等。这些讨论丰富了他的知识结构，更使他受益匪浅。

同时，对于土的勘探和试验工作，也在全国范围内普遍展开，不但所有重要工程都先从土的勘探试验开始，进而还对于全国各地土的特殊性进行调查和实验研究，在建筑工程的地基处理和基础建造上采用和推广新技术。

其实早在1957年，为适应全国经济建设形势发展的需要，在中国

137

周镜传

土木工程学会北京分会土工组的基础上，就成立了全国性的中国土力学及基础工程学会学术委员会。协会于1957年与土力学创始人太沙基教授联系，要求接受我国学会为国际土力学及基础工程协会会员。太沙基教授当即回信表示欢迎。于是成为该协会50多个团体会员国之一，推动本学科的国际交流活动。

1957年8月，茅以升代表我国土力学及基础工程学会远赴伦敦，参加第四届国际土力学及基础工程学会会议，在会上作了题为《武汉长江大桥的桥墩基础》的学术报告，得到了与会各国专家的称赞，为我国土力学界在国际上争取到了应有的地位。说到这里，周镜的脸上洋溢着幸福的自豪感。

周镜认为："土工"学会的前身——土工组的建立及其开展各项学术活动的经验表明，密切结合国家建设需要，组织广大土工技术人员，积极学习先进科学理论、交流实际工作经验，对于提高土工技术人员的能力水平、以更好地完成国家基本建设任务具有重要意义。土工组积极发挥其的人才和组织优势，对本领域的学科发展和工程实践起到了良好的推动作用。他表示："我们今天回顾新中国成立初期前辈们的工作，就是为了学习和传承他们的精神，并把这种精神的力量传给更年轻的一代岩土工程工作者们！"

改革开放初期，中国土木工程学会是最早恢复活动的科技学会之一。

同事、学会会员深情回忆说："那个时候，学会大量工作的主要内容是处理和组织论文。首先，收到的论文会被登记，然后进行翻译。翻译完成后，会找专家进行评审。这个过程涉及大量的资料周转，工作量很大。由于当时没有电脑和打字机，所以同事们需要帮忙找一些复写纸，对每一份资料进行编号。周镜院士和大家一起做这些事务性的工作，这些都是非常具体且繁杂的事情。周镜院士的特点是事无巨细，乐

第八章 在科学的春天里

20 世纪 70 年代末周镜工作照

于亲手动手做。他从不觉得事情太多，对待每一项工作都是勤恳认真。他的这种工作态度，不仅提高了工作效率，也赢得了同事们的尊重和敬佩。"

1978 年后学会恢复活动至 1991 年期间，周镜一直担任中国土木工程学会土力学及基础工程学会的秘书长，协助理事长召开了 5 次全国学术谈论会，出版了论文集，组织学会推荐论文参加 4 次国际土力学及基础工程大会。特别是选举 1981 年第九届国际大会论文时，他默默地做了许多工作，当时国内刚改革开放，科技人员的英文水平和文整加工条件都不理想，他亲自替来稿修改文字和打字，尽可能做好稿件的翻译和整理，保证我国第一次向该国际大会送交论文达到应有的良好水平。

1991 年至 1995 年期间，他被推选为第三届中国土木工程学会土力

周镜传

1991年6月18日中国土木工程学会土力学及基础工程学会第三届理事会合影（第一排左四为周镜）

学及基础工程学会理事长。1994年学会组织召开海峡两岸土力学及基础工程、地工技术学术研讨会，这是海峡两岸相关技术人员一次大规模的聚会，台湾地区出席的代表有70余人，还出版了论文集。

他还曾担任中国《土木工程学报》主编、《岩土工程学报》编委会主任、中国土木工程学会顾问、中国铁道学会常务理事等职务，每天忙得不可开交。

从1979年开始，中国土木工程学会每四年召开一次全国性的学术会议，交流讨论各部门、各地区的学术成果。在国际学术活动方面，学会积极走出去，请进来，让我国的土力学研究和应用成就得到了国际学术界的了解和肯定。

几十年中，我国土力学及岩土工程学科从起初十分薄弱的基础起步，在实践中一步一步发展到今天，取得了巨大的进步和发展。这是奋战在我国土力学及岩土工程战线上的科技人员长期不懈努力的结果，饱含着老一辈岩土工程专家学者的智慧和汗水。周镜说："这些都与茅以升等前辈们的长期领导、关怀和努力是分不开的，前辈们为开拓和发展我国这一科学技术领域建立了不可磨灭的功绩。"

周镜传

走出去，请进来

1979年3月，我国土木工程学会组织铁道部、交通部和国家建委等单位的六人代表团，赴英参加在伦敦召开的"桩的设计和施工最新发展"会议。作为中国土木工程学会土力学及基础工程学会秘书长的周镜即是代表团成员之一。会议结束后，他们还参观了两所大学、三个研究单位、五个咨询工程师事务所、五家承包工程公司、两个打桩机械制造厂和十处工地。参观学习内容非常丰富，受到外国同行热情友好的接待。

这是中国改革开放初期，中英科技界的一次重要交流会议。周镜怀

周镜（左二）随铁道部赴英国考察访问

着激动的心情,详细地记录了这次赴英学习访问的全过程:

"……我们参观了较大的英国钢桩公司打桩机械工厂和一家小的道生工厂,也参观了大小打桩工地。最大的特点是不管是打入桩还是钻孔桩,不管是用哪一种动力的桩锤,其基本的施工机具都是具有各种起重能力的宽履带式爬行吊机。"

"参观工地时见到他们对一些施工技术做了改进,有的也值得我们学习。如打钢板桩时,一般插桩时常需有人爬到桩顶高空作业,使两根板桩的卡口对好,效率低且不安全,而道生工厂制成一种简易插桩器,可在地面将两根板桩平行定位,新桩顺已打好的桩边上提到桩顶时,弹簧自动将两根桩的卡口对准,即可继续打桩。该插桩器原理简单,易于制造。打斜桩时,利用一根辅助活动支撑,在爬吊后退和前进时插进铰轴,使臂杆、导桩架和支撑成为临时铰接的稳定三角形,可以打各种斜度的预制桩。此外为了减少噪音,他们还采取了一些简易可行的措施。"

他怀着兴奋的心情,几乎舍不得眨眼睛,如饥似渴地看着、想着、学习着、汲取着。

上苍总会眷顾勤奋者。只要你努力学习知识和本领,不知何时就会派上用场。在英国学习访问期间,非常得益于他高水平的外语能力,随行的一名翻译,对于专业术语经常搞不明白,很是尴尬。每到卡壳的时候,周镜就主动上阵"救火"。对于他流利的表达和专业的对话,英国同行总是情不自禁竖起大拇指。

"我们参观学习了伦敦大学的帝国理工学院、玛丽皇后学院和剑桥大学的工程系三处的土力学试验室,英国国家建筑研究所的土工部门试验室。"这些试验室先进而齐全的设备让周镜叹为观止,非常羡慕,这些试验室基本都采用自动记录和电子计算机处理数据。"各学院进行的科研工作也各有特点,如帝国理工学院主要是研究在静态和动态情况下土的应力应变特性。试验室设备大部分是自己设计制造的各种三轴剪切

周镜传

仪、平面剪切仪、圆柱扭转仪和真三轴压力仪，有静态的也有动态的。招收的研究生也从事用三轴仪研究土的应力应变特性。通过长期积累资料，逐步深入，逐渐形成学派。剑桥大学土工试验则主要从事桩的理论研究和离心机模型试验。装有电视、高速摄影设备和电子记录和数据处理设备，比较先进。剑桥的离心机试验设备，所谓的'剑桥黏土模型'已在业界享有盛名，自成体系，但他们的三轴试验设备则较为一般，特色不多。玛丽皇后学院则着重于桩的动力性质的研究，用集装箱装配了一个恒温工地试验室准备运到北海油田测定桩的动力特性。英国国家建筑研究所土工部分试验设备也非常完善。有自己设计制造的真正三轴向静动加压的试验设备，有测量桩身荷载传递并配以装吊设备的专用试验汽车，可开到工地测试。这个建筑研究所还研究试制了各种现场侧土压力、位移和孔隙水压力的各种测头、大量开展原型测试工作。在测量微量水平和垂直位移时，采用了激光和自记装置。所有的试验仪器都装配有自控、自记和数据处理设备。"

参观试验室，让周镜感触最深的是电子计算机的应用："在英国，电子计算机被广泛地用于工程技术的各个角落，也不过是最近五六年的事。一般结构计算、数据处理常用台式小计算机，我们看到他们用美制HP9830A型台式计算机，内储16K，用盒式滋带记录程序，应用方便。大公司的计算部门或大试验室则用中型电子计算机，配备有较多的终端设备，提高了计算机的使用效率。大型计算机则多用于企业管理工作和情报资料。如英国航空公司总管理处将业务资料都储存在电子计算机中。各门市部利用终端设备仅数分钟就可通过计算机答复旅客的购票订票查询事宜。梁氏公司有一个计算中心，在全国各施工现场则配备终端外围设备。当现场情况有变化，通过终端设备和计算中心，一天之内就可将一个大工程的详细施工组织计划重新修改编好。各大学一般都有一所大的电子计算机中心，供全校使用。院系和试验室根据情况另有中型或小型计算机供试验设备的自动控制,数据记录处理,以及一般计算使用。这样大、中、小成网,外围设备齐全才能充分发挥电子计算机的效率。"

周镜随铁道部赴英国考察访问(第三排右二为周镜)

这趟英国之行,对于周镜来说,不啻一次"取经",收获真是太大了。流光溢彩的西方世界和异域风光,没有吸引周镜的眼球,他温和而敏锐的目光,像高效运转的扫描仪一样,始终聚焦专业与科技,洞察秋毫,把看到的一项不落地记录下来,通过高速运转的大脑消化吸收。

值得学习和参考的远不止这些,对英国的技术管理、施工组织等方面的情况,周镜也进行了多方了解。这对于他今后领衔建立试验室、指导学生使用计算机等,提供了思路和帮助。

这次出国的经历对周镜来说收获非常大。

周镜传

走出国门开阔了眼界,增长了知识。走出去,还要请进来,进行沟通和交流,学习和借鉴。

1979年8月,学会邀请以美国土工方面专家马歇尔(Marshall)为首的代表团来北京、武汉、南京、上海等地考察,作学术报告,介绍新型土工仪器。这次学术活动对带动我国岩土工程在测试技术、土工试验设备方面的新发展起到了非常重要的启示作用。

中国的改革开放刚刚起步的时候,出国是一件很让人羡慕,学术出访更是不容易的事情。相关专业在国外的发展到达什么程度,不出去参观学习的话,看不见,摸不着,根本无从了解。

改革开放前那段特殊的历史时期,周镜得空就到图书馆借阅国外的学术期刊,了解前沿动态,做了大量的学术笔记。但是理论和实践总归是有距离的,亲眼看到、摸到和体验到,是不一样的。所以邀请美国代表团来华,其实就是想看看人家的先进设备,了解一下十几年来,别人家的土力学领域的发展状况。

周镜和同事们陪同他们参观大学、试验室,当周镜和同事给他们展示自己手工制作的试验仪器、演示用土法做的试验时,美国专家非常感慨,直呼:中国人了不起!

外国代表团在各地作大型报告,介绍他们各自公司产品的性能、特点和实际使用的情况。还放映了介绍地下坑道挖进和强夯法施工技术的电影。代表团还随带了几种仪器作了示范展出。这些展品虽然数量很少,但各有特点,反映了他们所达到的先进水平,受到我国土工工作者的欢迎。这些展品大多被我国相关单位买下。

铁道科学研究院买下的设备有:信号加强单道地震仪(拜生公司生产),特点是信号可贮存并放大,这样提高了准确性。仪器可与磁带记录或其他记录设备相接使用。也有多道的同类地震仪,这些仪器适用于现场单孔和跨孔测土中剪切波传播速度;土应变计(拜生公司生产),

第八章 在科学的春天里

周镜（右一）和美国仪器公司老总在一起

用于测土中两测点的应变。感受测头是直径为 1—4in 很薄的线圈，可埋设在土中，可以测两测头或多测头间的动态或静态应变；同位素密度湿度计（甘贝尔公司生产），用铯 137、镅 241 和铍为能源，可同时测出土的密度和湿度。仪器装配有一微处理计和液晶数字显示板。将试验室的最佳密度值输入后，即可直接读出测点土的压实度百分数，也可根据指令显示土的密度和含水量。仪器有十一个贮存，可用于贮存工地测得的数据；气动固结加压设备（卡洛·华勒公司生产），用压缩空气给固结仪加压，不用砝码。活塞周围用线滚珠轴承减少摩擦。空气进入仪器前经过过滤器，在 2.5in 直径试样上压力可达 22 t/sq·ft。

为了买下这批"宝贝"，铁科院舍得花重金，说明了什么？周镜认为，铁科院的领导们具有前瞻性，他们不保守，讲科学，爱科学。事实证明，因为这批设备在国内同行业中是领先的，所以吸引来大批博士生和研究生。俗话说得好，没有梧桐树，招不来金凤凰。铁科院的这个大手笔，为日后的辉煌打下了初期的设备基础。

周镜说："外国代表团的访问增加了我们对美国土工测试设备和技术现状的了解，也使我们进一步认识到了自己存在的差距，这对我国今后土工研究工作的开展将大有裨益。"

正如周镜他们预想的一样，代表团中的一名教授回去后，很快联系上了美国铁道协会，这样，美国铁道协会向我国的土木工程学会发出邀请，我们的学会就派人去美国参观了。这样就接着迈出了关键一步，顺利与美国铁道协会搭上了桥，双方工作关系更加密切了。学习参观打开了大家的眼界，带回来许多值得借鉴的经验，得到了很多启示，对于今后工作起到了很大的推动作用。

1987年7月，第八届亚洲土力学及基础工程会议在日本京都召开，周镜等20余人出席了会议。这是我国第一次派此专业代表团参加亚洲大会，并且是代表团中人数最多的一个，受到东道国日本同行的欢迎与重视。周镜担任了本次会议土动力小组的主席，在亚洲土力学及基础工程学会的执行委员会上，周镜、陈仲颐代表学会提出第九届亚洲会议在中国举行的申请，虽然有很多代表支持，但在投票中以一票之差遗憾落选。

像国家申办奥运会一样，周镜和伙伴们始终没有放弃，他在任职学会理事长期间，不遗余力努力多方沟通联系，倾注心血做了大量工作。功夫不负有心人。终于在1991年12月，在曼谷召开的第九届亚洲土力学及基础工程会议，在执委会会议上投票通过1995年在北京召开第10届亚洲土力学会议。

据中国土木工程专家陈祖煜院士回忆："1992年5月，在我准备前往新西兰参加第6届国际滑坡会议前，时任中国土木工程学会土力学与

第八章 在科学的春天里

周镜（中间）在日本京都土力学国际会议上发言

周镜（左一）与日本亚洲土力学会议代表在一起

周镜传

基础工程学会理事长的周镜研究员对我说,中国学会已决定派铁道科学研究院西北研究所王恭先所长代表我国申办第 7 届会议的主办权。他希望我在新西兰协助他工作。2008 年 7 月由国际土力学与岩土工程学会、国际岩石力学学会和国际工程地质学会共同主办的第 10 届国际滑坡与工程边坡会议在西安召开。我国工程地质界和岩土工程界终于圆了一个长达 12 年的梦。"

1995 年 8 月,由中国土木工程学会和中国土木工程学会土力学及基础工程分科学会联合主办的第十届亚洲土力学与基础工程国际会议及展览会在北京香山饭店举行。参加这次会议的有来自世界 26 个国家和地区的中外岩土工程方面的专家、学者、科技人员共 30 余人。特邀报告及主题报告中讨论了当今理论发展方向与工程实践现状,提出了许多有价值的见解,中外专家介绍的研究成果及各自的经验和想法,使与会者获益匪浅,这次会议不但在学术方面得到了广泛的交流,在增进各国专家相互了解和发展友谊方面也取得了很大的成绩。

在周镜的科技生涯中,这是他难忘的幸福时刻。

几十年中,我国的土力学与基础工程科学技术有了显著的发展和提高,有不少理论研究成果达到了国际先进水平,有的技术发展形成了我国特色。土力学界的科技工作者长期进行跨地区、跨部门的学术交流和讨论,团结合作,互相帮助取长补短。他们执着的科学精神和锲而不舍的追求,是民族的骄傲、国家的财富。

第八章 在科学的春天里

边筑路，边育人

党的十一届三中全会后，我国决定实行对内改革、对外开放的战略决策，改革春风吹遍神州，中国开始走上改革开放的复兴之路。恢复了高考和研究生招考制度之后，铁科院成为全国首批恢复研究生招生与培养的单位之一，并成立了研究生部。这里成为培养中国铁道高级人才的基地。

铁科院岩土工程专业被国家教委批准为第一批博士生培养点，周镜成为这里的第一批博士生导师之一。

其实早在20世纪60年代，在茅以升院长的积极倡导和主持下，铁科院就开始少量招收研究生。"1979年，条件还很艰苦，穷且益坚，不坠青云之志。大家十分珍惜这来之不易的学习机会，三年苦读，练就本领。毕业时，茅以升老院长为我们题词：'学以致用，用即是学；学无止境，用贵慎微'。铁科院导师们的教诲，一直陪伴我们，投身铁路事业，砥砺前行，为民解忧，为国争光。"这是第一届铁科院硕士毕业生，多年后回到母校参观时道出的心里话。

岩土工程是一门应用科学，要进行深入研究，必须具备较先进的试验设备，当时国内的土工试验设备还停留在五六十年代的水平。周镜和同事们积极筹划引进设备，将原有的试验室改建成具有当时国际先进水平的土工试验室，为培养研究生提供了良好的试验条件，这里也吸引了大批研究生前来报考。当时，从国外引进的较先进的土力学性质试验设备的自动记录部分，仍采用多笔式记录仪，而铁科院的土工试验室，通过培养研究生，使土的力学性质试验设备与数据采集系统、计算机系统连接，试验人员能根据试验方案的要求，编写控制程序，使整个试验过程从试验方式、各种测试数据的采集、整理分析到结果的输出，在计算

周镜传

周镜在试验室工作照

机控制下全部自动完成。成为当时国内自动化程度最高的土工试验室。

研究生能结合重大的、前沿性的科研课题做学术论文，具有较强的实践和创新能力是铁科院研究生培养的一大特色。

当时卢肇钧先生和周镜都带研究生，他们的教学理念是一致的，那就是培养学生的动手能力和解决问题的能力。要求研究生要做到三点：一是用数值计算；二是数学和力学应用必须要用计算机；三是自己动手做试验。

铁道科学研究院非常重视人才的培养。从美国进口的那些设备，院里将这些"宝贝"给了土工试验室，这些设备在当时的美国也是最先进的。那个时候的试验室有专门工作人员负责，个人不能随便挪动。而周镜他们要求研究生自己动手做试验，必须要用计算机，打眼穿孔，和试验设备连起来，分析结果。当时在美国都没有这样的使用要求。提供设备的美国工厂的老板,几乎每年都来中国,他们认为周镜他们做得非常好,他说卖给别的国家,设备基本用不上。他很佩服铁道科学研究院的研究人员,认为把他们的设备很好地使用和开发了。

张道宽是周镜的第一个博士生,也是他最得意的学生之一。

周镜指导他将计算机和试验设备连起来,分析数据,这在土工专业来讲是我国最早使用的,张道宽的博士论文论述如何解决这个问题,当时在国内外业界反响很大。

我们在今天谈起计算机,大家首先想到的是笔记本、个人电脑,再就是超算巨型机,输入存储设备U盘、固盘。可是当时国产的计算机,是一个慢得不得了、体积又大得不得了的计算机。计算机的输入设备就是一个纸带输入机,有一个专门的打字机和一个专门的穿孔机用来打程序。

程序穿孔纸带,就是用BD-200语言编制一段带循环语句和条件语句的程序,然后上机调试成功。上机前先把编好的程序在打孔机上打到穿孔纸带上。这样计算机才能读取外部输入的程序。

一个程序打出来就是一大盘纸带,这一大盘纸带放在纸带机上面向计算机输入时就需要快速旋转。快速旋转的机器又很不好用,有时转得太快撕了纸带,前面那些程序就全报废了。为了不要重新打程序,就要补纸带。

纸带几乎没有一次打成功的,错了就要用胶水打上补丁重新打孔。补完后再把程序输进去,这时如果机器啪啪啪打出一大堆错误出来,就必须回去修改程序的错误。一个程序总要上来下去修改五六次,折腾七八遍。

一晃这么多年过去了,计算机的发展变化太快了。现在我们在台式计算机或笔记本上,一会儿程序就算完了。但当时中国的研究条件是很落后的,和国外差距很大,这就是当时中国的科研状况。说到这些,周

周镜传

镜感慨很深。

但就是这台电脑,在当时做研究工作时出了大力,解决了大问题。

"师者,传道、授业、解惑也。"教师的职责可以概括为"传道""授业""解惑",相辅相成,三位一体。传道即传科学之道与人文之道,授业即授科学文化之业与思想道德之业,解惑既要解知识贫乏之困惑,又要指点人生成长与抉择之迷津。这就对每一位老师提出了极高的要求,不仅要拥有深厚的专业功底和渊博的学识,而且还要有高尚的人格和深湛的修养,所谓学高为师,身正为范。中国有句古语:"经师易遇,人师难逢",今日真正堪称优秀之导师,并不止于传授知识,更重要的是塑造人格! 周镜就是这样一位老师,被学生称为德学双馨的良师,受益于他的教诲和提携的工程技术人员更是不计其数,他不仅在专业上传授知识,在工作上、为人处世方面,也给予学子们谆谆教诲。

在深圳机场地基建设时,周镜为了给学生张道宽锻炼的机会,就找了个借口说:"我有事回北京。我在这里呢,人家凡事都找我,我不在这里呢,他们自然就来找你了,你要挑起这副担子。还有就是你要注意的,永远不要收受他人的礼品和好处,你爱抽烟,现在抽的是前门烟,那就永远抽你自己买的前门,不要抽人家送的洋烟好烟,这点你要记住一辈子。"拒腐蚀,永不沾,两袖清风,这是一位科研工作者的品德。周镜自己这么遵守,他告诫自己的学生,也要永远遵守。张道宽记住了老师的话,他做到了,一辈子不收礼,一辈子不抽外国烟。

在周镜这位良师的指导下,走上工作岗位的张道宽,始终严于律己,工作勤勉肯干,在铁科院多次被评为先进工作者,获得过很多荣誉。非常可惜的是,他因病英年早逝,令周镜先生痛惜不已。每当提到他,周镜先生都是眼含热泪,他说:"我和道宽的关系,始终是良师益友。他那么有才气,那么肯干……天妒英才啊,道宽走得太早了……"看得出,他们之间真挚的师生情谊。

第八章　在科学的春天里

周镜（左）与研究生在一起

曾经有硕士毕业后的同学直接要报考周镜的博士研究生，周镜却让他们先积累几年实际工程经验后再来报考。当这些学生参加实际工作后，才逐渐体会到周镜先生的良苦用心：基本概念清晰和丰富的实际工程经验，是成为一个优秀岩土工程师的必备条件。

岩土工程，是一门实践性很强的专业，它的试验不同于其他在室内就能进行的专业试验，它耗时长而且需要体力，试验环境大多是艰苦恶劣的露天现场，没有吃苦耐劳的精神，是不能胜任这个职业的。

为了加强硕士研究生的动手能力，培养他们的试验技巧，提高其实验素质。周镜带领学生们走出去，把课堂搬到宽阔的天地间，去崇山峻岭和滔滔江河边，采集信息，探索、发现。

有一次在长江中下游野外勘察，他们发现长江两岸广泛分布着一种片状粉细砂。当周镜掬起一捧仔细打量时，他看到其颜色深暗且成片

周镜传

状，与一般黄白色的石英粒状砂的外观有明显的差异。他把学生叫过来，让他们仔细观察，学生们也发现了这种砂子很特殊。

他对学生说："人们对砂的工程性质的了解，主要根据石英粒状砂大量室内外试验结果。目前咱们看到的这种片状砂的工程性质从未进行过系统的试验研究。它和石英砂有什么不同吗？那么从石英砂所得到的一些规律和工程经验，是否适用于片状砂呢？我们还无从知晓。下一步，我们就要对它进行静力和动力试验，分析研究。"

因为有了新的发现，学生们都很兴奋，早已忘记了多日的疲劳，于是取土样，拿回去进行试验。

经过数据分析，得出的比重是2.72。这个结果，让周镜感到非常奇怪。因为标准砂的数据是2.65（所有研究用的砂子都是在试验室内做试验，都是要用这个标准砂），周镜他们很是不解。他拿着砂子样本，到南京去做试验，依然还是这个数据。

周镜在试验室跟学生们一边分析，一边讲解："目前我国评价饱和砂液化势的原位测试方法，即标准贯入法和静力触探法，主要是依据石英砂地层中的经验，特别是唐山大地震中的经验。有的规程中用饱和砂的相对密度来评价它的液化势。显然这些准则都不宜简单地用于这个片状砂地层。"

他说："国内外岩土工程师们发现许多地区的饱和黏土的工程性质都有其不同的特性，比如伦敦黏土、曼谷黏土、上海黏土、湛江黏土等等，这些黏土具有共性，但其个性对工程建设影响更为重要。我国地域辽阔、岩土类别多、分布广，探明各区域性土的分布也有许多工作要做。岩土工程师们应该明确只有掌握了所在地区土的工程特性才能更好地为经济建设服务。"

他为此专门找到地质部有关部门，专门做矿物分析，分析结果是此砂是云母砂，也就是片状沙，其矿物成分以云母和其他深色重矿物的风化碎片为主，它跟石英砂完全不一样。

为了进一步研究，在国家自然科学基金的资助下，他和杨灿文、欧阳葆元两位研究员，分别指导研究生对片状粉细砂的工程性质，进行了较系统的试验研究。由于有了先进的试验手段，能开展复杂条件下片状砂与石英砂的工程性质对比试验研究。研究结果证实，片状砂的力学性质，特别是动力学性质与石英质砂有显著的不同；片状砂在剪应力作用下，有较大的体压缩变形；过去根据对石英质砂的试验研究所得到的规律和经验，不能盲目地搬用到片状砂地层。

他还指导研究生对饱和软土的基本性质、固结参数的连续加荷测定技术，土工合成材料加强软土路基的破坏机理方面进行了较系统的研究。在公开刊物发表论文30余篇，已培养硕士生7人，博士生2人。

他的学生回忆道："在培养研究生时，周镜先生以身作则，那些年没有真正规范的教材。周先生和其他一些老专家就自编了一些教材，用来教授学生。在讲课时，他非常紧密地和实际联系着，因为岩土工程专业比较枯燥，但是他把土力学讲得非常晓畅，深入浅出，让人一听就明白。"

周镜在培养研究生的过程中，有自己的思路和方法，他让学生读很多的资料（大都是除了本课题外的），他要求大家把这些资料看懂，记读书笔记，以后他会跟学生交流，学生学的知识是否和他已有的认识相同，认识不同的，他就耐心给学生讲解。这样扎实有效的学习，让学生对知识的掌握更扎实、深刻，提高更快。同时，教学相长，双向受益。

他经常嘱咐学生们："作为一名工程技术人员或科研人员，应该不断吸取国际上的经验，包括间接经验或者书本经验。外语一定要掌握，要看书，看国外的第一手资料，不要满足于手头从事的具体工作。再者，自己必须要有直接经验，这一点非常重要。我自己有成功的，也有失败的经验。要时时注意观察新的问题，针对新问题开展研究，从而获

周镜传

周镜指导博士生答辩

得新的提高。因为我们和自然科学纯理论学科还不一样……"

工作之余,周镜还经常跟学生们谈一谈人生观:"你自己要有这个兴趣深入科学技术。这个兴趣不一定很强大,就看你愿不愿意拿自己的时间精力放到你的工作中,深入进去。如果看到的就是钱,那你就别搞科研。因为搞科研本身就是很艰苦的,这个专业需要深入进去,需要看书和不断的学习,业余时间都不看书学习,是不可能有成就的。工程技术和自然科学、文学历史是不一样的,它是可以改变的。竺可桢先学土木,后来对气象有兴趣,成为气象方面的权威专家。全世界公认的太沙基,岩土工程的鼻祖,他原来是学机械的,后来转地质,再最后做的岩土,搞岩土力学,成为这个方面的创始人。所以说工程技术和自然科学、文学艺术不是完全一样的。"

周镜一再强调传统文化、文学艺术的重要性:"我以前学的传统文化对我来说非常有用，我现在仍觉得，一个人对地理、人文历史、世界文化都要学，学理科的人必须要学些文科的知识，学文科的人也要懂数理化，这样提高了自己的人文素养，陶冶了自己的情操，眼界和心胸就开阔了。"

很多同事都记得他传授的工作方法：20 世纪 50 年代他专门给土工组人员设计了一种特殊的笔记本，一边是米格纸、一边是横格纸。大家去现场后，现场一些地形地貌就用那个米格纸画上，有些什么问题，就在旁边那个横格纸上写下来。每个技术人员都有这个本，去现场的时候就现场记录，如同照相机一样，把它描绘出来。好记性不如烂笔头，通过这样的真实记录，回来以后印象就深刻，事后处理问题就很快还原真实状况。大家都觉得这个本子太好用了，通过这样的记录，也养成了记笔记的好习惯。同事们说，周镜培养了他们工作科学的方法和严谨的工作作风，在现场看出问题以后才能深入研究和解决它。

多年来，他通过培养专业人才，使我国岩土工程方面的实力大大增强，科研水平不断提高。

这天，周镜院士拿出一张近期的《科技日报》，给年轻的同事看这篇文章《推动共同富裕，基础教育要下好"先手棋"》，文章说：推动共同富裕，基础教育发挥着不可替代的基础性、先导性作用，基础教育发展的进程、成效，直接影响甚至决定着共同富裕的进程、成效。坚持以人民为中心的发展思想，在高质量发展中促进共同富裕，基础教育要优先发展，下好推动共同富裕的"先手棋"，厚植强国富民之基。

周镜院士一直关注教育问题，他语重心长地说："基础教育不是小事情，已经上升到国家战略发展的高度，时代越是向前，知识和人才的重要性越来越突出，教育的地位和作用也越加凸显。人才是第一资源，而人才培养靠教育。抓好基础教育，从 0 到 1 做起是重中之重。"

古往今来，平凡而辛勤的教师奉传道授业为天职，待答疑解惑为本

周镜传

业。兢兢业业的他们开启智慧之门，教化人间根本；是"美"的耕耘者，是"美"的传播者。在人生道路上，遇见一位好老师，是多么的幸运。像周镜先生这样，被学生称为"好老师"的人还很多。铁科院一直以来注重遴选优秀导师，建设专业理论深厚、科研水平高、实践能力强且年龄分布合理的高水平教师梯队。他们中有中国工程院院士，有铁路专业技术带头人，有享受国务院特殊政府津贴的专家，有国家科技进步特等奖获得者，有何梁何利基金科学与技术进步奖获得者，有詹天佑成就奖获得者……导师专业涵盖轨道交通完整的学科领域。为新中国轨道交通培养了一批又一批的优秀人才。

多年来，院里一批批博士生、研究生相继毕业，走上工作岗位。他们在各自的科研工作中为国家和铁路的科技发展做了大量的工作，很多已成为国家和铁路系统的科技骨干，有的已成为国家和部级专家、学科带头人等。通过博士生、研究生学习阶段全面、良好的能力和素质培养，也造就了一批行业中的管理专家，有的毕业生担任国家行政管理机关和铁路的部司局级领导，还有一些毕业生已担任铁科院的院所两级领导，在实现科技兴路的发展战略中发挥着不可替代的重要作用。

几十年来，铁科院始终把出人才和出成果一样当作根本任务，在科研开发实践中培养了大批科技人才。

第九章 深圳，挑战与机遇

铁建所的"学者型所长"

1950年3月，铁道技术研究所在唐山成立，所属的土木研究组由原在北京和由大连迁京的专业人员组成，并逐步扩建成为6个专业研究组，成为铁道建筑研究所（简称"铁建所"）的前身。

1958年1月，铁建所正式成立，设有铁路设计、线路、桥梁、路基土工、混凝土、隧道、水工水文、木材、养路机械化、爆破、抗震和防护工程等12个研究室，建成各类实验室10个，其中5个达到了当时国内的一流水平。这时候的铁建所可以说是鸟枪换炮，"游击队"变成了"正规军"。全所由早期的数十人增至400余人，成为专业齐全、设备配套、技术力量雄厚，与铁路建设和运营联系密切，在铁路内外颇具影响力的专业研究所。

1985年1月，按照铁科院统一部署，铁建所开始科技体制改革，

周镜传

20 世纪 50 年代的铁建所办公楼

其后几年，又先后组建了爆破公司、路通公司、铁锋公司和深圳办事处等技术经济实体。1987 年筹建的铁建所深圳办事处，是铁科院深圳分院前身。它是我国铁路工务和土木工程领域综合性科研机构，近年来主要承担高速铁路、重载铁路线路基础设施领域的成套技术研究，同时承担了既有铁路养护维修和改造技术、重大工程咨询、监理和检测等技术服务工作。铁建所始终坚持走科学研究与建设、运营实际紧密结合的道路，在轨道工程、桥梁与结构工程、岩土与隧道工程、工程材料、爆破工程、工程检测、工程监理、安全监测、养路机械等领域都取得了丰硕成果。

1984 年，周镜被任命为铁建所所长。他是大家公认的勤勉敬业的所长，但自己却一直认为自己是"不合格的所长"。他说："单位让我这个非党员担任所长,一方面是对我信任,另一方面其实就是让我放开手脚,把国外的先进科技引进来,拓宽我们的工作视野。所以说,铁科院的领导是有眼光的,他们用人看中的是特长。"

周镜这位所长,在下属眼中根本不像个领导,没有一点官架子。从没有人见他发脾气,待人接物,永远是"春风化雨"的工作态度。但是他坚持原则,秉公办事,凡是与科研有关的事情,他永远摆在重要的位置。被大家誉为"学者型所长"。

在他任职期间,一直努力为所里工作人员争取出国名额,为的是让大家拓宽视野,学到人家的长处。一次,周镜通过土工学会的帮助,争取到了一个去美国访问的名额。这样的机会很难得,单位也非常重视。出国访问,一是了解学习国外的新东西,二是联络感情、建立友谊,三

周镜任铁建所所长期间工作照

周镜传

是为下步的科研互动和工作合作做好铺垫。在研究出国人选时，周镜力主要派业务骨干研究员杨灿文去。那时候，改革开放刚刚起步，出国的人员很少，名额也非常有限，况且符合出国条件的人不少。但是周镜坚持让杨灿文去。他说："这是一项在土工领域里学习和交流的工作，必须派业务水平高，接受能力强，责任心强的人去学习。杨灿文沟通能力强，动手能力强，头脑灵活，我认为他具备了这些素质，我认为他是最佳人选。"杨灿文本人听说后很感动，非常感谢领导给他的这次出国学习的机会。但周镜实实在在地讲，他之所以推荐杨灿文，不是因为个人感情关系，而是从整个土工专业发展的角度考虑才这样做的。后来的事实证明周镜的选择是对的，杨灿文的确是个干实事的人才，他到美国访问后，就联系了相关企业，免费获赠了一批土工编织物。之后在周镜带领下，他们在连云港用这些土工编织物做试验，获得了前所未有的新认知。杨灿文经过认真分析研究，还专门写出了高质量的论文，为土工编织物在国内的运用起到了重要推动作用。

因为他正直无私，单位还让他负责管理人事工作。周镜是重感情的人，他管人，没有严苛的手段和严厉的态度，没有大会小会的批评和要求，他更多的是以身作则，以情动人，设身处地地为职工着想，去想方设法为他们解决工作和生活困难。

上任之初，他拿着花名册，查阅档案，为的是详细了解每一位职工的家庭情况。看到有不少职工与家属常年两地分居，为了解决他们的后顾之忧，他不厌其烦地找上级、查文件，了解有关政策。那个时候，调动工作很不容易。只要有符合条件的，他不嫌麻烦，乐呵呵地帮着跑调动，使得许多小家庭得以团圆。他说："凡是对工作有利的事情，我当然要坚决支持。"

当周镜竭力为职工家属解决两地分居和帮助家属就业问题时，职工们不知道，他们的所长周镜自己的孩子，还在家里待业呢。

第九章 深圳，挑战与机遇

周镜在当所长之前，一家三口人，分别生活工作在三个地方。爱人周小松在河南干校，儿子上山下乡在云南当知青。儿子周帆是1952年出生的，生下来就由外公外婆带着，周镜和爱人都忙于工作，根本无暇照顾孩子。周帆很懂事，很聪明，从小自学能力非常强。"文化大革命"开始时，他初中还没毕业，就响应号召，上山下乡到了云南一个农场务农。因为家里有一把小提琴，周镜喜欢拉小提琴，这个爱好影响了儿子，儿子耳濡目染，就自己偷偷学会了。就因为周帆有这个爱好，不久就被云南省的一个京剧团看中，把他调了进去，成为首席小提琴手。周帆插队的那些年，吃了不少苦，但也磨砺了意志，懂得了自立自强。

周帆是1981年根据知青返城政策才回到了北京，在妈妈的单位当了一名临时工。他是独生子女，没有因为父母的关系留在北京，也没有因为父母的关系找一份好的工作。周镜对儿子说："我和你妈妈的工作，都是靠自己取得的，你也一样。我们相信你有这个能力。"儿子点头，很理解父母的一番苦心。因为他经历过艰苦岁月，他知道，没有真本事是无法在社会上立足的，更别说大有作为了。

周帆有个好朋友，名叫阿城。两个人都在云南插队，结下了深厚友谊。阿城，后来成了著名作家，写出了小说《棋王》《树王》《孩子王》，轰动文坛。阿城跟周帆一起返城，又都在周帆妈妈的单位当临时工，经常来家里串门。那时生活拮据，没什么好吃的，为了招待阿城，周镜夫妇每次都去商店专门买一盒鱼罐头，给阿城拌米饭吃。阿城也不客气，每次都把一盒鱼罐头吃得精光。阿城跟周镜——这位叔叔很谈得来，谈文学、历史、天文地理等，还向周镜推荐金庸的武侠小说。周镜爱看武侠小说的念头由来已久，经阿城推荐，买回来一看，确实精彩，就爱不释手了。周镜从此成了金庸迷，现在家里书柜中也有全套的金庸全集。

儿子想自学英语，需要一台电视机。怎么办呢？那时候，家用电器是紧俏货，买电器是要凭票的。周镜和爱人都不会走后门、托关系，其

周镜传

实凭着他们的人脉，买一台电视机是不难的。可是他们不好意思求人，不愿张口。正在他们一筹莫展时，单位的一名同事给帮着解决了这个难题。这名同事无意间听说了此事，她把家里唯一一个买电视的指标让给了周镜。周镜这才买了一台15英寸的黑白电视机，当把这台电视搬回来，可算是家里一个大件了，一家人高兴得合不拢嘴。

为了追回耽误的时间，周帆苦攻文化课，因为没有外语基础，又深知外语的重要性，他跟着这台电视学起了英语。经过一段时间学习，周帆跟爸爸说："你们学的是50年代的英语，太老了。我现在学的可是80年代的英语，语言也是更新换代的呀。"

儿子就是这样坚持自学，从来没有张口跟父母提过换工作的事情。他虽然是个工人，但他丝毫不自卑，不气馁。周镜经常对儿子说："我们院里工厂的工人很了不起，没有他们给我们手工做设备，我们的那些试验，从何做起呀？他们是可敬的人。"

父亲一心扑在自己深爱的事业上，儿子懂他，支持他，敬他，爱他。

这一年，当了所长的周镜更忙了，回家和在家的时间更少了。爱人和儿子从不抱怨，都理解支持他工作。后来，儿子通过了电大考试；不久后，外交部招人，他去考，理论、面试都考了高分，就这样凭着自己的努力，被录取了，后来被派到《纽约时报》当翻译。

这一切都得益于家人的支持和鼓励，周镜很欣慰。他更加全身心地投入到工作中。

周镜回忆起这段时光，感慨地说："我当所长，离不开院里领导们的支持。"

是啊，没有文山会海，没有死板的教条主义和官僚主义。对于所里的规章制度要求上墙，周镜认为，制度是形式化的东西，科学研究是不需要规章的。那些表面文章，我不去做，坚决反对。他说："我这样做，院里的领导都是默许的,他们很支持我的工作。所以说,院里领导非常开明,他们给了科研工作者一个宽阔的、自由的空间。院里没有用条条框框约束我们,我们才得以在自己的专业领域里尽情翱翔。"

"我和领导讲,我到60岁在行政职位上就要退下来,要让年轻人做。我是这样说的,就是这样做的。把机会留给年轻人,我们的事业才能更好地发展。"院里的领导这样评价周镜:担任所长期间,没有因为私事用过一次公家的小汽车。他一直都是骑着自行车上下班。他觉得时时刻刻都应该把工作放在第一位。

周镜说:"自己自幼接受儒家教育思想,善于从优秀的传统文化中汲取力量。"孟子曰:"民为贵,社稷次之,君为轻。"用现在的话说,就是人民至上。周镜认为,古代思想家的观点具有现实意义。先进的现代文化与优秀的传统文化是一脉相承又与时俱进的关系,这种民本思想对我们树立和落实以人为本的科学发展观富有启迪。

中华民族的传统美德,在他心里牢牢地扎下根。那些胸怀天下,心系苍生,有崇高的价值信念和高尚的理想追求的志士仁人,是周镜的榜样。

周镜说:"作为一名普通的中国知识分子,就应该有'修身、齐家、治国、平天下'的家国情怀。"天下兴亡,匹夫有责,实现中华民族伟大复兴的中国梦,是举一"国"之力,也是尽一"家"之责。"欲诚其意者,先致其知,致知在格物",要想使自己的意念真诚,先要使自己获得知识,获得知识的途径在于认知研究万事万物。归结到一点,就是"修身、齐家、治国、平天下",就是从我做起,玉汝于成。

周镜传

深圳，从这里起飞

深圳，一个具有传奇色彩的地名。如果说开始于 20 世纪 80 年代的改革开放像一场拂遍神州的春风，深圳，就是这场浩荡春风最早出发的地方之一。

空中俯瞰深圳，在绿地之间摩天大楼鳞次栉比，远处水天一色湛蓝如洗，一架架飞机腾空而起，冲上云霄，拉近了城市与世界的距离。四十多年的时间，深圳从一座落后的边陲小镇，到具有全球影响力的国际化大都市。这座改革开放后的崭新城市，因改革开放而生，因改革开放而兴，因改革开放而强！

1980 年，深圳特区成立。那时，小渔村模样的深圳，只有两条公交线路，票价几毛钱，公交车被叫作"单卡"，没有规定时间，人满发车。

要想富，先修路。1987 年国家批准了深圳机场建设；1989 年，深圳黄田机场建设正式开工。受国家民航总局的邀请，周镜带着团队来到了深圳，参与到机场地基建设工作中。

当时黄田场址是一片滩涂地，周围全是农田。在软土淤泥上建飞机场，谈何容易。周镜他们一路奔波，到了这里一看，心里顿时没了底。因为深圳机场属于填海而成，其淤泥厚度，含水量和沉降比（沉降量与厚度之比）都比一般的软土高，如果地基处理措施不当或不进行处理的话，就会引起地面沉降、造成地坪开裂、管道断裂或影响设备正常使用等问题。

必须要采取有效措施进行软土地基处理。面对难题，他们没有退缩。当时周镜跟同事说："在深圳，是机遇又是挑战。"

刚刚起步的深圳，一穷二白，机场选址位于距离原特区内较远的荒

第九章 深圳，挑战与机遇

郊野外，从原特区内到机场工地的交通并不顺畅，行程要近3个小时。为了节约时间，周镜跟同事都住在机场工地。当时建设工地的居住条件十分艰苦，大家只能住工棚，工地上甚至连洗脸水都没有，他们就在附近挖了一个池子，盼着下雨时能够接点水用。这里的蚊子又多又大，他们这几个从北京来的专家，都被蚊子咬得全身是包。生活上的困难，他们都能克服，最主要的是，他们肩上的责任和压力。过去他们对地方机场建设并无接触，特别是对这种特殊的地质条件，没有先例可供参考借鉴。

这是铁建所科技体制改革后，正在筹建中的深圳办事处接到的第一个项目。头一炮如果打不响，铁建所就很难在深圳站住脚。而铁建所到底有没有实力啃下这块"硬骨头"，就看周镜他们的了！

明知山有虎，偏向虎山行。深圳机场建设项目虽然困难重重，但是项目吸引力和诱惑力很大。改革开放初期，深圳机场，谁不想一试身手啊！不畏困难勇于挑战的可不止他们几个人。参与地基投标的更不止一家单位，除了铁建所，还有冶金系统、建筑系统等，早就在那里研究筹划、摩拳擦掌、跃跃欲试了。深圳机场，有了群雄逐鹿的态势。

凡事都有竞争，有竞争就有了动力。周镜因为之前没有参加过竞标，他心里还是忐忑不安打小鼓的。定额、单价、报价等，标书上一大堆需要申报的数据，他完全没有经验，更根本不懂得什么技巧了。单位批给他们3000元钱，交了投标的保证金。铁科院在深圳筹备处的其他部门也特别期盼着周镜他们能努力中标。周镜笑着说："因为当时筹备处没有资金，他们盼着我们中标，这3000元退回后，能缓解经费的紧张状况。越是这样，我心里越紧张，如果不能中标，这钱退不回来的话，单位多亏呀！"

倒是团队里的研究生自信地告诉周镜："我分析研究过了，我们肯定胜出。"周镜说："可不敢这么说啊，我们来就是要向人家学习的。"

周镜传

周镜（右一）在深圳机场建设现场留影

学生说："我们的技术先进。"

果然，周镜他们中标了。周镜兴奋而自信地说："我们用新技术，赢了。"

当时的有关报道这样写道：

"1988年3月，深圳机场筹建处召集专家研讨，确定场道区采用超载预压法加固，随后，铁道部科学研究院和浙江大学提交了详细的试验方案，经国家计委民航工程咨询公司认可和民航机场设计院同意后，深圳机场筹建处与铁道部科学研究院于1988年6月7日签订了试验承包合同。参与本次试验的包括铁道部科学研究院周镜院士、欧阳葆元、吴肖茗、张道宽等人，周镜院士为项目总负责人。现场试验充分证明，堆载预压法对机场场道工程的软基处理是适宜的，对深圳地区软基加固工程具有实用价值。"

周镜他们用的这个方法,叫排水固结超载预压,其超载部分是按波音 747-400 型飞机重量换算的重量为荷载即预压土。填土由东向西平行推进形成循环,每层间隔时间 7—10 天,同时加强集水井抽水,抽水直到卸载才停止。排水固结法主要用于解决饱和软土地基的沉降和稳定问题,通过在软土中打设竖向排水井(砂井或塑料排水板等),在附加外荷载作用下,使土中的孔隙水被慢慢排出,孔隙比减小,地基发生固结变形,地基土的强度逐渐增长。由于附加外荷载不同,排水固结法又分为堆载预压或超载预压、真空联合堆载预压以及堆载加强夯的动力排水固结法。

这天,周镜他们在福田盐碱滩选点进行试验。他们采用排水固结法处理软土地基,博士张道宽在这里做试验,试验堤堆土预压开始后,地基软土层的沉降观测曲线逐渐趋向平稳。但趋移的时间比理论估算的时间要快得多。周镜一看,不对呀,这不合理。

为找出其原因,周镜建议在试验填土中打一钻孔,当钻孔打到夯实面上的排水砂垫层时,钻孔中冒出地下水。这说明试验观测到的沉降曲线达到平稳状态是假象,其原因是排水层中不通畅。

周镜告诉大家:"我们过去的经验是路基很窄,排水层距离很短,阻力小。就是说在很窄的站场水排不出去,砂层压力不够,导致越排越慢。"

面对实际工作出现的难题,周镜提出在排水砂层出口,设计集水沟人工抽水的方法,来消除这一假象。张道宽马上指挥在测量沟的地方挖排水沟,用抽水泵一抽,这边水位就开始降下去了。后来采用这个行之有效的方法,保证了施工质量。

在深圳机场建设中,大家都承认周镜团队的这个方案是合理的,到第二期开始,采用排水固结法。起初其他团队在大换填的时候,因为淤泥不太深,只有不到 4 米。其他团队的工作人员就先用重锤夯实,填两

周镜传

个防波堤，然后大面积开挖。那个堤修好了，周镜就跟他们提议，"这个堤，将来开挖的时候要注意，绝不是你设计的那个断面，是一个菱形断面，夯好、修好了再挖。为什么呢，非常简单，因为那个淤泥很软，百分之一百的含水量。开始在上面填石头，再用重锤夯，那么石头往下挤，挤到后来下面就接触，下面刚度就大了。再往下挤的时候，就不是往下挤，而是上面往侧向挤了。夯到后来是一个菱形，下面是一个很小的接触底面，在里面一开挖就会坍。因为菱形的，下面一挖，边上是站不住的。"听了周镜的建议，其他团队的工作人员非常认可，认为周镜团队做事认真而负责，乐于助人，处处以大局为重。

在深圳机场的试验中，周镜又结合国外的实例，想到了沉降问题。现场就是最好的课堂，他给研究生们这样讲授：日本关西国际飞机场人工岛关西飞机场修于大阪湾的人工岛上，可算是 20 世纪最伟大的岩土工程之一……他以这个工程实例，讲述计算参数、沉降值的方法，需要考虑的因素，影响计算结果的几个主要原因等。

在深圳机场工作的实践，给了他很多启发，他在《谈谈路基工程中天然软土地基沉降预测中的某些问题》一文中，这样写道：改革开放以来，随着沿海地区经济建设的发展，高速公路、铁路、飞机场的建设，都对运营期间地基的沉降量有严格的要求，如机场跑道要求运营期间沉降不大于 5cm，差异沉降 5cm，高速铁路分别为 15 cm 和 10 cm，因此，软土地基的沉降和处理要引起大家的重视。

他建议对重大工程或对沉降要求严格的工程，应先做试验工程，所需观测的项目和布置应有专门的设计、场地的勘测、取样化验项目和方法，都应提出专门要求。然后根据试验工程结果验证和修改原先的设计。因为，软土的沉降常常要延续很长时间。

周镜就是这样跟大家住在工地的铁棚子里，每天以克服困难为乐，解决了一系列工程难题。

第九章 深圳，挑战与机遇

周镜带领同事们，像改革开放战场上的先锋队，攻克了深圳机场软土地基的难关，从而在深圳一炮打响，成为铁科院参与深圳建设工作的良好开端，也为铁科院深圳分院的建立创造了有利条件。很快，铁科院在深圳成立了分院，开拓了深圳市场，把技术优势扩大到沿海地区，打开了华南市场的工作局面。

在铁科院院史馆，有关于铁科院深圳分院的介绍这样写道：

"20世纪80年代中后期，在茅以升老院长的倡导下，铁科院就把目光投向深圳这片创新的沃土。当年，铁科院著名岩土专家周镜院士等带领科技团队，第一次把先进的填海造地、软基处理、地质灾害治理等新技术运用到深圳机场及城市基础设施建设，取得了巨大成功并广泛运用在深圳市政基础设施建设工程中。在前期工作的基础上，1992年中国铁道科学研究院深圳研究设计院正式成立，立足深圳、辐射珠三角，依托铁科院的综合技术优势，先后开展岩土工程设计、桥梁结构检测评估、地质灾害治理、工程监理、设备监理等业务，成为了铁科院在改革开放前沿阵地的重要平台和窗口，为深圳及华南地区的建设和发展做出了贡献。"

周镜传

深爱脚下这片土地

当改革开放的大潮涌起之时,海外的游子和学子们纷纷回国探亲。那时候从国外归来的人们,都会带来一些国内很难看到的"稀罕物",譬如精美的衣物、昂贵的首饰、美味的巧克力、香浓的咖啡,乃至电视、冰箱、洗衣机、摩托车等"大件",这些都是他们在异国他乡的生活中所能得到,而在中国又是常人很难见到的,因此总是会引起人们的羡慕和赞叹。然而,周镜却对此不以为然,他说:"这些东西在国外其实只是日常生活的一部分,工人们的家庭早就有私家车了,而我们国家也一定能够在不久的将来实现这个目标。"

周镜得知他的美国同学也回国探亲,于是他邀请他们到自己家里简单聚会,大家开心地回忆过去,分享彼此各自不同的经历。

周镜的家虽然简单朴素,甚至没有一件家用电器,唯一称得上家电的只有一台收音机。但是周镜有足够的底气对他们说:"这是我全部的家当,你们都看见了。在物质上,我是一穷二白,确实不如你们在美国富裕,但我是名副其实的中国公民……我在单位有主人翁的地位,在这里我得到了尊重,单位很器重我,我也得到了很多荣誉,内心很充实。"同学们听后都点头称是,他们很赞同周镜的观点,同时也为他取得的成绩感到高兴。

进入 21 世纪后,很多回国探亲的人们,不再只是探亲了。他们再也不知道给国内亲戚买什么礼物了,因为在他们看来不错的礼物都常常标着"made in China"。他们逛街购物,把中国出品、中国制造的大包小包背回国外。周镜说:"再后来,他们回来的主要目的,是考察房地产,在国内买房子,投资经商或者自主创业。"是啊,多年来,他切身感受到了祖国的发展变化,伟大祖国以世界少有的速度崛起,屹立在

第九章 深圳，挑战与机遇

周镜（左一）在法国访问期间

东方。

谈起爱国，周镜有很多感慨。他说："我刚到美国时，也是感觉美国是天堂，干干净净的大马路，汽车不能随便鸣笛，街头的菠萝汁是免费的。后来经历了很多，才知道那里永远不是自己的家。"

周镜以《爱国和参与》为题，在给青少年的一封信中，这样写道：

> 人生最基本一点，就是要有民族意识，要有爱国主义思想。记得我们那个时候的青年学生就有很自然、很朴素的爱国主义思想。如积极参加抗日运动，抵制日货等。二战后，我到美国留学，在这段时间感触很深，美国的种族歧视确实比较严重，华人在美国不管干得好坏，都是二等公民。新中国成立后，很多爱国华侨都把自己的子弟送回国念书，送回国参加祖国的建设。他们认为，只有祖国

周镜传

周镜（左四）在加拿大开展学术交流

强盛，自己才在国外有地位。在海外的学子，很多人都放弃国外优厚的待遇，毅然回到祖国参加建设事业，我也是其中之一。如果一个人没有爱国主义思想，就没有动力，就会堕落到西方极端个人主义的泥坑。现在的年青人，爱国主义思想还比较淡薄，崇洋媚外的思想还比较严重，因此，对青少年加强爱国主义思想教育是很有必要的。

一个国家的强盛是靠大家的齐心协力、共同参与、努力工作才实现的，是等不来的。因此，作为青少年学生要发奋学习，刻苦钻研，掌握好建设祖国的过硬本领；作为在祖国各个工作岗位上的每一个人，要努力做好本职工作，如果大家都行动起来，我们国家兴旺发达、人民富裕安康的宏伟目标就一定能实现。

确实如此，周镜院士由衷的真挚言辞，无论何时何地讲起来都充满了深情与深刻的含义。他的爱国情怀已经深深地融入了他的骨髓血液之中，成为他生命重要的组成部分。

周镜深有感触地对我们说："我今年已经98岁了，身体还算健康，这要归功于什么呢？答案就是我们的国家和我们的单位对老年人的无微不至的关怀和照顾！"

到了采访结束的时候，老人站起来，用他那颤抖但坚定的手一一与我们握手。那是一种温暖而有力的感觉，仿佛能感受到他对祖国深深的热爱和对生活的执着。

第十章 老骥伏枥向未来

首批院士首倡高铁

1994年6月，中国工程院在北京成立。作为中国工程技术界最高荣誉性、咨询性学术机构，中国工程院设立院士制度。工程院院士是国家设立的工程技术方面的最高学术称号，是从已经在工程科学技术领域中做出系统性、创造性成就和贡献的优秀工程科学技术专家中选举产生的，为终身荣誉。

1994年6月3日，中国工程院成立大会和中国科学院第七次院士大会在中南海怀仁堂同时举行。在这次大会上，产生了96位中国工程院首批院士，名列其中的周镜，也成为铁道部第一位首批中国工程院院士。

这一年，周镜69岁。当选为院士后，他谦虚地表示："我自己也感觉很惭愧，因为我们搞工程的，不可能是一个人的作用，工程是一个团

周镜传

队,我等于是作为集体的一个代表获得这项荣誉。我能够获得中国工程院院士这一崇高的荣誉,深感荣幸之至,也深感责任重大。当选工程院院士不是我的终极目的,而是一个新的起点。就院士而言,良好的学术道德和科研诚信,是立身之本,更是做人之则。我将继续依靠国家支持和团队力量,向铁路技术世界引领者大步迈进。"

这次院士大会,对我国科技领域的进一步对外开放,加强同国际科技界的交流与合作、促进我国科技事业的发展产生了积极的影响。

之后,一大批国之重器和重大工程上天入地、通江达海:从载人航天、载人深潜、探月工程,到青藏铁路、高速铁路,从超级杂交稻到重大疾病防治,我国工程科技领域取得的每一项重大科技创新成果,无不凝结着广大院士的智慧和心血。他们用毕生的奉献证明,他们是国家的脊梁,是人民的骄傲,是民族的光荣。

周镜院士部分手稿

第十章 老骥伏枥向未来

周镜深知,当前世界已经进入到高科技发展时代,他要求自己,必须站在国家科学战略的高度,紧密关注全世界科技发展的前沿,不断发现问题,研究问题,以时不我待、只争朝夕的工作状态,积极主动为政府、为决策机构提供科学咨询。

1996年,铁科院的3名院士,72岁的周镜和卢肇钧(中国科学院院士)、程庆国(中国科学院院士)一起向国家提交了一份特殊的报告,报告的内容让许多年轻的铁路科技工作者都惊讶不已。他们建议国家抓紧时间一定要尽快发展高速铁路!

说实话,当时很多人不理解他们的想法,因为在中国,高速铁路的研究论证在那个时候已经陷入了瓶颈,高层尚未取得一致性意见,科学论证方面也没有取得实质性的突破。可是3位老科学家却发出了振聋发聩的强音:未来铁路发展的方向,一定是属于高速铁路!中国高铁的布局,一定要面向未来,着眼长远,做好顶层设计。他们还自信地告诉自己的学生,他们毕生奋斗的土力学很多理论都能为未来高速铁路的建设提供科学的依据。

为什么要提出这份重要的建议呢?周镜说:"当时我们国家铁路运输还是靠电话传递。一列火车在区间跑,到了一个火车站,拿到路签,车站值班员用电话通知下一个火车站,列车即将到达下一站了。那时火车时速是每小时40公里,就是这样慢的运输方式。要改变这种落后的运输方式,只有通过速度提升上去。速度上去了,不可能还用路签、电话,形势逼着相应的设备也必须跟上去了,也都必须是现代化了。一定要用发展逼着我们前进。所以我们三个人的意见是一定要修高速铁路!"

"当时中科院有一种不小的声音,就是建议修磁悬浮。我们不赞成。因为说到底磁悬浮是另外一种运输体系。它与普通铁路不是兼容的。况且在国际上还没有商业运营的磁悬浮铁路,而轮轨高速铁路则是兼容的,国外早有先例。我们三位院士在国务院跟中科院的院士辩论中,我

周镜传

们坚持修高速铁路。我们建议以南京到上海段作为试验段,因为这个区段客流量大,试验成功了再推广。"

周镜拿出当年的报告,这份报告这样写道:

> 高速铁路具有速度高、运量大、能耗低、污染轻、占地少、安全好等优点。发展高速铁路适合我国国情。建议以京沪铁路沪宁段作为起点,修建高速客运专线,实现客货分线运输,缓和华东运输紧张局面,为今后发展高速铁路积累经验,并带动高新技术产业发展。

我们作为长期从事铁道建设的老科技工作者,对"九五"铁路建设规划,特别是高速铁路建设的问题甚为关切。

交通运输制约着我国国民经济的发展,而铁路作为综合交通运输体系中的骨干,承担着中长距离客货运输的主要任务(1994年各种运输方式旅客周转总量中铁路占57.9%,货物周转总量中占68.8%,而80公里以上长途客运量中铁路承担95%),矛盾尤为突出,必需在深化改革的基础上,依靠科技进步,摆脱困境,实现数量上的大发展和质量上的大提高。依靠科技发展铁路,在国家中长期科学技术发展纲要中已做出正确决策,即货运要发展重载,客运要发展高速,对此已逐渐形成社会共识。我们建议以京沪铁路沪(上海)宁(南京)段作为起点,修建高速客运专线,实现客货分线运输,以缓解华东运输紧张局面,为今后发展高速铁路积累经验。

1. 高速铁路的优势和作用受到各国的重视

速度是交通运输现代化的重要标志,它在很大程度上决定某种运输方式的兴衰消长。高速铁路具有速度高(时速已达300—350公里)、运能大(日本新干线以9%的里程完成全国铁路30%的客运量和38%的营业收入,东海道新干线平均年运量1.2亿人次,最高达 1.7 亿人次）、能耗低（高速铁路、小汽车和飞机每人每公里能耗比为 1∶5.6∶5.3）、污染轻（高速电气铁路基本无空气污染）、占地少（与高速公路用地比为 1∶2.5—3.0）、安全好（30 多年来未发生过伤亡事故）等一系列技术经济优势，适应了现代社会经济生活对交通运输提出的新需求。所以，自 1964 年日本建成东海道新干线后，法、德、意、西班牙等国竞相发展……高速铁路使铁路运输事业重新焕发了青春，从而在世界范围内引发了一场新的"交通革命"，已经并将进一步对交通运输格局和面貌产生深远的影响。

2. 发展高速铁路适合我国国情

我国铁路的基本情况是数量少、装备差、管理落后，而负荷特重。改革开放和经济发展在 12 亿人口中诱发出来的潜在客流量十分巨大，任何一种运输方式难以单独承受，必须充分利用各种运输方式的长处，发挥综合运输交通体系的作用。其中，大量旅客的中长距离运输这一主要矛盾，势必依靠大容量公共交通，主要是铁路来承担。然而传统的低速度、低效率的铁路运输已越来越不适应经济和社会发展的需要，唯一的出路是依靠铁路的现代化与高速化。重要措施之一，是在全路普遍提速的同时，选择运输特别繁忙、线路能力已经饱和的地区，修建高速铁路，实现客货分线运输。在我国经济和社会发展面临人口、资源、环境等不利因素制约的情况下，发展高速铁路不但适合我国国情，而且其优越性有可能得到最充分的发挥。展望 21 世纪，可以预见，高速铁路将成为我国发展交通运输之必需而呈现出广阔的前景。

……

4. 高速铁路有利于促进科技进步，带动高新技术产业发展

高速铁路是世界铁路一项革命性重大科技成就，是高新技术在铁路上的集中体现，涉及电子、信息、材料、航空、航天、环保等

一系列高新技术领域。许多国家通过高速铁路技术的研究开发，带动了一批现代化技术迅速实现产业化。我们相信，我国建设高速铁路不仅将全面推动铁路技术的进步，使铁路技术装备、组织管理、服务质量面貌一新，大大缩短我国铁路与世界先进水平之间的差距，而且也必将有力地推动相关产业的技术进步，促进综合国力的提高。因此，我们认为，高速铁路早起步，有利于追踪国外先进科技水平，缩短同国外的差距。

……

三位老科学家建议，发展高速铁路从沪宁起步比较理想。关于资金和技术问题，他们也给出了具体可行的建议。他们认为，我国已有一支力量相当雄厚的科技队伍和一定的技术储备，把全国的力量很好地组织起来攻关，很多技术问题都可自己解决。有些技术问题，如机车车辆制造技术等等短期不易解决的，可采用多种方式，先引进，再消化吸收，但最终还是要自己制造，走国产化的道路。我们在技术上不能全部照搬国外，也不能永远依赖国外提供技术装备。我们要通过高速铁路的修建，逐步建立我国自己的高速铁路技术体系和高速铁路新技术产业。早起步、早积累经验、早打好基础，早争取主动……

不畏浮云遮望眼，只缘身在最高层。这是多么令人敬佩的前瞻性眼光！十几年后，这份报告中的内容开始奇迹般地一一得以实现。

周镜他们亲眼看见了，2008年，京津城际铁路，这条每小时350公里的铁路顺利开通运营；他目睹了2011年6月30日，京沪高铁全线正式通车；他看到了，截至2022年底，中国已突破4.2万公里的高铁运营里程。周镜和我们激动地说："今天的中国高速铁路发展成就，会让卢肇钧、程庆国两位院士在九泉之下感到欣慰。"

第十章 老骥伏枥向未来

国务院参事的报告

中华人民共和国成立后,国务院选聘的参事室成员为国务院参事,由国务院总理亲自聘任。他们都是德才兼备之士和出类拔萃的国之俊杰,其中多为中国各民主党派人士、无党派人士、著名专家学者以及富有宏观管理经验的领导干部。一批又一批参事们,热爱祖国,学识渊博,人生阅历丰富,社会责任感强。他们以深入实际、联系群众、客观公正地反映社情民意、直接向国务院领导提出意见和建议作为自己的职责。政府参事工作制度是人民依照法律管理国家事务的一种渠道和形式。

北京前门东大街11号,荷兰使馆旧址,一座庭院清净幽雅、建筑古朴。出门不远,便是车水马龙的长安街,很少有人知道,这里就是国务院参事室、中央文史研究馆所在地。

从党派构成来看,国务院参事以民主党派和无党派人士居多,也有部分中共专家、学者及领导干部,他们中有不少人们熟悉的名人。

跟周镜同期的参事,教育界的有张之洞孙女,北京师范大学心理系教授、博士生导师张厚粲;石油系统的有邓宝珊将军之女,教授级高级工程师邓引引;船舶工业方面有吴灏铸,其堂姐即著名美籍物理学家吴健雄。交通部的参事是林鸿慈,铁道部的参事是周镜。

第一次来这里开会,周镜是骑着自行车来的,他没有让单位派车,虽然进大门遇到点小麻烦,起初门岗没有让他进门。但是他并不觉得难为情,以后依然是骑着自行车来。由此可见他的为人低调、儒雅谦逊了。

"敢于直言是参事本色"。参事们经过深思熟虑的工作建议为政府决策提供了重要参考。在不少参事、馆员看来,"讲真话是这里最大的特点。"

行业系统是一个小组,叫工交组,组长是林鸿慈,周镜和邓引引等参事们就在这个组。于是周镜经常有机会和其他参事们一起到全国各地去考察调研。

那年,他们到了大运河,看到长江以南段的运量非常大,周镜这样比喻:"当时相当于咱们铁路京浦线一年的运量吧,达到5000万吨。"可是大运河的河道却破败不堪,非常需要治理。江苏省管运河部门的负责人就跟他们说:这一段亟须整治,我们只要上级下达一个文件,钱的问题,我们自己筹措,不需要国家一分钱。

维护运营是很重要的。周镜等几位参事马上写出报告,向国务院反映了情况。国务院很快就批了下来。等后来他们再去江苏省回访,看到运河治理得非常好,原来的边坡是土坡,都做了护坡衬砌,有了码头、设了站点,河底清理了淤泥,河水清澈,两岸的绿植茂盛。整条河道干干净净,焕然一新。看到运河的变化,他们心中颇感欣慰。

作为国务院参事,周镜认真履行职责。他们这个组沿长江考察,一路走一路看,他们看到长江两岸偷挖沙子的现象非常严重,有些人私挖、乱采,对江河破坏很严重,他们看了很痛心。如果这样任其发展下去,后果将是非常严重的,这种失德失范和违法行为必须坚决杜绝。于是他们向上写了报告,提出:长江两岸不准挖沙。之后国务院采纳了他们的建议,从此后,偷挖沙子的现象看不见了。

在国务院参事室网站,国务院参事室大事记中有这样的记载:

> 1991年12月20日,林鸿慈、周镜、吴灏铸参事考察京津塘高速公路北段和沈大高速公路南段,写出《关于京津塘、沈大高速公路的调查报告》,上报国务院。
>
> 1992年5月初国务院参事林鸿慈、周镜、吴灏铸、邓引引到

武汉调研。6月10日，上报《关于长江航运深化改革增强活力问题的调查报告》。

1992年10月24日周镜参事关于《政府不宜直接办理重奖科技人员工作》的建议。

1992年1月20日向全国人大常委会法制工作委员会转送戴寅、周镜参事对《中华人民共和国工会法（草案）》的意见。

1993年5月林鸿慈、周镜、吴灏铸、邓引引参事到川江各港调查三峡库区港口迁移问题，返京后写出调查报告《长江干线航道养扩费应尽快到位》和《三峡库区迁港问题亟待引起重视》上报国务院。

1993年9月10日向全国人大常委会法工委转送周镜、吴灏铸参事对《中华人民共和国个人所得税法》的修改意见。

1993年10月林鸿慈、周镜、邓引引、吴灏铸参事到京杭运河苏北段进行调研，返京后写出调研报告《建议尽快对口岸船闸应否缴纳水费作出权威解释》。国务院秘书长罗干、副秘书长席德华作了批示。由于得到主管部门的重视，这个拖了几年的问题很快得到合理解决。

1993年12月林鸿慈、周镜、吴灏铸、邓引引参事调研后写出《京杭运河苏北段及鲁南段调查报告》上报国务院。

1994年10月14日林鸿慈、周镜、吴灏铸、邓引引参事赴宁波、舟山两港调研。返京后写出调研报告《港口建设要与海运总量相适应　防止盲目发展》的建议上报国务院。12月29日，邹家华副总理作了批示。同期，林鸿慈、周镜、吴灏铸、邓引引参事还写出《内河航道建设应在交通基建投资中占一席之地》的建议。邹家华副总理、交通部部长黄镇东先后作了批示。

1994年10月11日周镜参事关于《对台湾在与大陆进行学术交流中的署名问题应灵活处理》的建议报送国务院及钱其琛、王兆

周镜传

国同志。

1994年12月21日林鸿慈、周镜、吴灏铸、邓引引参事上报关于《国家应尽快设立环境保护专项资金》的建议。朱镕基副总理、国务委员宋健、财政部长刘仲藜先后作了批示。1995年1月17日，财政部向朱镕基副总理呈送了《关于增加环保投入和加强环境治理问题的报告》，1月26日，国家环保局局长解振华等同志来到我室，与周镜、吴灏铸、邓引引三位参事座谈，希望他们继续对环保事业给予关心。

1995年4月17日至27日林鸿慈、周镜、吴灏铸、邓引引参事赴湖南，调查了解湘江水系沿河及洞庭湖沿湖港口情况。返京后写出调研报告《关于湖南内河航运的现状及建议》上报国务院。邹家华、吴邦国副总理作了批示。

1996年4月22日至5月5日林鸿慈、周镜、吴灏铸、邓引引参事赴广西调研，返京后写出调研报告《关于红水河碍航闸坝恢复通航问题》和《广西三个海港必须统筹兼顾、协调发展》上报国务院及有关部门。全国政协主席李瑞环、国务院副总理邹家华先后作了批示。

1997年4月15日至29日林鸿慈、周镜、吴灏铸、邓引引参事赴福建省，就沿海工业开发、港口建设、陆岛交通等问题进行调研，并就福州至厦门高速客运铁路不宜上马一事与有关方面交换了意见，返京后提出《关于福建沿海地区交通运输发展的思路和建议》和《关于厦门湾南北两岸港区和开发区协调发展问题的建议》，分别上报李鹏总理、邹家华副总理等国务院领导和有关部门。

1998年4月13日至20日林鸿慈、周镜、吴灏铸、邓引引参事赴南京市，就长江口几个河口型港口的协调发展问题进行调研。20日赴上海市，参加国务院参事赴上海市参观考察团的活动。

第十章 老骥伏枥向未来

……

莫道桑榆晚,为霞尚满天。看到上面这些文字,我们仿佛看到年届高龄的周镜,从没有停下丈量江河大地的脚步,他的足迹遍布祖国的大江南北,就是为了一个心愿:祖国强盛,人民富足。

他说:"我们国家很大,改革开放刚刚起步,各方面工作千头万绪,需要做的事情很多,提意见容易,但是做起来不容易,牵一发动全身呢。我经历多了之后,才深有体会。所以说身为国务院参事,我就做了一些力所能及的事情。"

周镜传

告别"单身生活"

周镜自从20世纪50年代回国,就一直跟岳父母挤住在一起。他们一起在和平门外交部宿舍一住就是20多年,直到20世纪70年代岳父周甦生老先生去世。后来妻子周小松单位在百万庄给分了房子,这才搬出来,有了自己三口之家的小窝。为了工作方便,几十年来周镜平时都是住在单位的单身宿舍,只有到了周末才回家。他住在单身宿舍时,跟许鉴所长住一个屋子,跟程庆国只有一墙之隔。他说:"在我认为,上班、下班没有什么区别。因为骑着自行车上下班,路途远耽误时间不说,主要是下了班,我们还要学习、搞研究,所以办公室的灯总是亮到很晚,很少照顾到自己的小家。"

1998年,已经做了院士的周镜终于告别了"单身生活",从单身宿舍搬出来,住进了院里新盖的家属宿舍楼。周镜感到很知足,主动把百万庄的房子交还妻子原单位,再分配给其他职工。其实这处的房子是外交学院分给周小松名下的。但是周镜心想,房子嘛,有一套就够住了,不能多占。还有很多年轻人没有房子呢,他这样做,觉得心安。

关于房子,关于物质生活,周镜很少去考虑,更从不贪恋。他说:"因为自己的专业性质,常年在野外工作,很少有家的概念。直到20世纪80年代末,自己从一线岗位退了下来,在家的时候才逐渐多了起来,可是还没来得及享受家庭生活,弥补对亲人的亏欠,想不到爱人周小松罹患肝癌,于1986年不幸去世了。"

心爱的妻子突然走了,周镜内心非常悲痛,想起从美国求学到学成回国,想到几十年间夫妻之间同甘共苦,相濡以沫,特别是想到妻子为自己多年来的默默付出,他百感交集,非常内疚,觉得自己常年忙于工作,对爱人呵护关心很不够。爱人在家里吃不香、睡不稳地惦念着自己，才长此以往慢慢落下了疾病。

他在对爱妻无尽思念的郁郁寡欢中，自己一个人过了好几年。在美国的儿子放心不下父亲，就想打越洋电话，可是当时哪里有如今这么便捷，写信也需要不短的时间才能收到。后来，在儿子反复劝导下，1989年周镜经人介绍，认识了著名播音员林田女士，两位老人互相搀扶，开启了相依为伴的晚年生活。

到了2005年，林田感觉脑子老是爱忘事。有一天，她到单位去参加活动，单位在复兴门，可是晚上好久她都没回来，可把周镜急坏了，原来是她坐车回来时，突然不记得路了，坐过站了。从那次开始，记忆越来越差，丢东落西的，周镜就不敢让她独自出门了。后来病情越来越严重，记忆功能与逻辑思维更差了。

从那以后，周镜去开会、出差都要带上老伴。即使从家走路到车站二十多分钟的路程，老伴总问同一句话："周镜，咱们去哪儿？"一问就是十遍二十遍。周镜不急不恼，她问一遍，周镜就回答一遍，温和耐心地告诉她："我们去火车站……"

2014年，周镜因为贫血在家晕倒，住进了医院。这期间，老伴的病情更重了。周镜出院后，老伴就更离不开他了。每天晚上7、8点钟，周镜就要陪着老伴入睡。睡梦中醒来，老伴总是不停地喊叫，周镜总是不厌其烦地安哄妻子。家中的晚辈和亲朋好友怕周镜身体吃不消，想出很多办法。可周镜都没有采纳，依然是一个人耐心而周到地照顾着老伴。

对于家庭生活的困难，周镜从不愿意对外人讲，每当院里的领导、同事们关心问候他时，他这样告诉大家："每个人一生都会有很多遭遇，面对遭遇，自己要正确对待，不要把遭遇看成是委屈。"

他隐忍、坚毅，有博大的心胸，是一位有大人格的人。

2014年央视网纪实台采访了周镜，让我们跟随镜头，走进一个普

周镜传

通的早晨，走进一位让人感动的老人的家里——

这是一个平常的日子，88岁的老人周镜像平常一样，在家里准备早餐。他娴熟地把一个馒头切着几块，放在蒸锅上热着，同时在炉灶上煮了两只鸡蛋、热了两杯牛奶。端着热乎乎的饭，招呼着老伴林田，两人坐到餐桌前，吃起了早餐。

这是一个素朴的家，宽敞明亮，没有豪华的装修，没有精美的家具，老式的沙发，老式的桌椅，一架钢琴没有一丝灰尘，一排书柜占据了半壁江山。几盆绿植，正生机盎然。于简朴温馨中，流露出书香气息。

铁道科学研究院十分重视和关心周镜的晚年生活，就在不久前院里分房子，首先就想到了他，可老人高风亮节，谢绝了院里的分房决定。他笑着说，我现在住得已经很好了，对我们来讲已经够了。我这房子在当时来讲，是全院最好的，现在也还是很好。

周镜和老伴坐在沙发上，拿出珍藏的相册，一张张地浏览。周镜指着其中一张黑白照，柔和地问："你还记得这张照片吗?"

林田高兴地说："记得，记得。"

周镜问："哪一个是你呀?"

林田指点着："这个是我。"

周镜微笑着继续问："这是在哪里照的?"

林田激动的声音颤抖着回答："在天安门。"

接下来当记者再问到："您在天安门做什么工作呢?"林田就回答不上来了。

眼前的照片无声地诉说着昔日的荣耀，可这一切对患有多年健忘症的林田来说，都记不得了。周镜一直尝试着用照片唤起老伴的记忆，听着周镜如数家珍般的诉说，又望着林田淡漠的表情，如此鲜明的对比，让在场的记者们心中都酸楚不已。

周镜问："这个你认识吗？"

林田："认识认识，这是你，你。"

周镜说："不是，这是我同事。"

看着孩子们的照片，周镜问着："这是谁呀？"林田沉默了，周镜提醒着："这是孙子，这是孙女。"林田已经不认识他们了。她的记忆中只有周镜，后来她只认得一个人——周镜。

当记者问到："林阿姨，您还记得第一次播新闻时有什么印象吗？"

林田回答："播新闻啊，播新闻，有啊。"

"那您跟我们说说呗。"

林田低头反复抚摸着相框，就再也不回答了。

是啊，我们无法体会到她此时的内心世界。空白，一片空白。

在周镜与林田几十年的共同生活中，歌声或许是林田心中最难以被抹去的记忆。两位老人坐到了钢琴旁。

周镜问："一条大河，你会唱吗？你起头。"

林田高兴了，唱了起来："一条大河波浪宽——"

于是周镜一只手弹奏着，林田也是一只手跟着弹奏，嘴里哼唱着。

其实，除了照片以外，为老伴弹琴伴唱也成为周镜每天都要做的一项工作。因为在他看来，这也是能够唤起林田记忆的好办法。

周镜说："我经常一手弹琴，让她唱唱。有些老歌曲，她还记得，一些西方古典音乐也还记得。"

每天，周镜都带着林田出去走走。周镜领着她的手，慢慢地下楼，慢慢地走在路上，就像牵着孩子一样，一刻也不松开，紧紧握着她的手，生怕她丢了。

周镜传

　　周镜去办公室,也把她带上。周镜虽然早已退居二线,但他仍然坚持着为新中国铁路事业奋斗终身的梦想。每一次开始工作的时候,他都会细心地把林田安排好。他在办公室阅读资料,林田则静静地坐在周镜对面的办公桌前看杂志,看累了,她就好奇地看着周镜,那目光就像孩童一样,新奇、崇拜、依赖。

　　在回家的路上,周镜一直默默无语,他只是静静地牵着老伴的手。

一个是工程专家,一个是播音主持,因为爱情,走在了一起。周镜和林田,这两位老人恩爱几十年,风雨同舟。他们的爱情故事,是一段平凡而又感人的旅程。他们的爱情,既包含了浪漫和激情,也包含了理解和包容。他们的爱情,是一种深深的承诺和责任。

他们的故事,是一首赞美爱情和奉献的歌,是一部讲述中国梦和人生价值的故事。

第十章　老骥伏枥向未来

金庸迷，霍金迷

如今，年近百岁的周镜依然每天坚持读专业书籍。他说："科学技术是日新月异的，自己从事的这个专业变化很快。在自己的专业上首先是热爱，接着就是投入时间，必须要终身学习，这一点非常重要。"

周镜家里订了多份报纸和学术期刊，他每天都保持着看报读书的习惯，《北京晚报》上有数独，他都拿起笔做做题算算题，为的是锻炼自己的逻辑思维能力。他说："这个很有趣，建议你们年轻人可以作为消遣，养成动脑筋的好习惯。我对学习始终保持着好奇心。"

他的兴趣爱好很广泛，象棋、桥牌、听音乐，涉猎广泛，这样能够将多学科联系起来，能够触类旁通。

说起武侠小说，他笑着说："读金庸小说，感觉很有历史感，不用费脑子。我也爱跟年轻人聊武侠，我感觉自己是不落伍的。我读书很杂，现在我正在读《二十四史》。"

他常跟单位里的后生说："回顾我这一生，看过的书还真是不少，对我人生产生重大影响的图书也很多。我看书很杂，什么类型的书都愿意看一看。我想无论是学理科的，还是搞工程的，都应该多读一些历史类图书，如此才能开阔胸襟，拓展格局，涵养智慧。比如新锐历史学家尤瓦尔·赫拉利系列'人类简史三部曲'，融合了生物学、历史学、社会学、心理学、哲学、经济学、政治学等多个学科前沿知识，打破了学科和思维局限，也涉及幸福，生命的意义等众多话题。尤其是《人类简史》，从认知革命、农业革命以及科学革命，三大线索理清人类发展脉络，看过之后会觉得眼前一片清明，宏大的世界观带来的震撼，可以让人忽略生活中大多数的鸡毛蒜皮。中国史书也有很多好的，都可以读一读，想一想，用心沉淀，知道中国的经脉和骨骼是什么样子。读史，读

周镜传

的不仅仅是帝王将相、才子佳人的'你方唱罢我登场',更是探寻一个民族文化得以延续发展、不泯不灭的根本,从而更增强民族意识和社会责任感。"

霍金的《黑洞、婴儿宇宙及其他》《时间简史》《果壳中的宇宙》《大设计》等,周镜都看过,看了以后很受启发。牛顿的"万有引力",爱因斯坦的"广义相对论",现在的"量子力学",这些虽然不是他的工作领域,但是他都有所了解。他说:"这些人家做了,咱们不知道不行啊!"

周镜认为,美国科学家们研究学问,不保密,他们拿出自己的观点共同探讨、公开讨论,这样的话,科学才得以进步,才可以不断地进步。往往一个数学家的论证,也给政治家和科学家很大的启示。我们要向他们学习,科学研究不是个人化的。

他喜欢听音乐,尤其喜欢听《蓝色多瑙河》。请单位的年轻人帮着找了不同的版本、不同指挥家指挥的,都找来听一听。每年新年音乐会,他都静静地坐在家里沙发上,静静地聆听那美妙的旋律。他颇有感触地说:"指挥家不同,乐队不同,演奏的效果就不一样。时代不同,同一首曲子,也有很多微妙的变化。"

一曲《蓝色多瑙河》,轻盈的水波,黎明的曙光,河面上的薄雾、美丽的霞光,春天来了,大地在欢笑,姑娘小伙子们尽情地舞蹈,欢快活泼的旋律啊,将他的思绪带向远方,激发起他心中对美好生活的赞美与热爱。

他在家也经常弹钢琴,弹的曲子大都是老歌曲,用他的话说:"我一弹琴心情就很平静,非常的平静,我觉得平静对我来说很重要。一个人心情平静总是很好的,一个人只有对历史文化知道得越多,对问题的看法就越开阔,随着理解的深入,心情就开阔了。"

老同事讲到他,都很钦佩:"他的棋下得特别好,不管象棋围棋都下得特别好,单位没几个人能够与他对弈,桥牌也打得好,简直是没办法,水平高得很,这说明他脑子好。噢,他多才多艺但不显山不露水,他到工地去,也常在包里揣着一本武侠小说,累了需要放松一下,就爱看看武侠小说,我们那辈人能看武侠小说已经是极其的超脱了。"

周镜就是这样一位热爱生活的人和有情趣的人。虽然他研究的岩土领域是坚硬、冰冷、枯燥的,然而他骨子里有着诗人般浪漫的情怀,他用自己的心,用自己"爱的笃行"书写了富有魅力的人生诗篇。

著名物理学家班尔兹曼说,物理学家并不会因为懂得了美丽的彩虹是因为光的散射定律,而失去了对蔚蓝色天空和紫红色落日的感动——科学与诗可以在一个更深层次中进行优美的对话。

这是科学与诗的对话,是情与理的对话,是不同知识体系的对话,这种对话在人类思想史上永远闪耀着智慧之美的熠熠光焰。周镜知道,

2015 年 12 月 21 日,铁科院举办祝贺周镜院士 90 岁华诞座谈会

周镜传

科学与艺术是姊妹关系，在西方，很多思想家、艺术家，同时也是科学家。因为科学与艺术，须臾离不开悟性与灵感。中国近现代如詹天佑、李四光、茅以升、华罗庚、竺可桢等著名工程、科技大师，综合人文修养和文学功底都令人敬仰。

能持续地进行科学探索是每个科学家的愿望，但能始终追踪世界科技发展的前沿，持续保持科学探索的能力其实很难很难。如果没有曾获得过诺贝尔物理学奖的天体物理学家钱德拉塞卡所说的，在理解大自然的过程中具有的某种谦虚精神，就不可能不断地学习，不断地汲取营养，永远保持活力。

钱德拉塞卡在一次题为《莎士比亚、牛顿和贝多芬：不同的创造模式》的著名演讲中指出，文学家、艺术家，如莎士比亚和贝多芬，他们的创作生涯一直延续到晚期，而且越是到晚期，他们的创作更升华，更辉煌，如贝多芬晚期的《庄严弥撒曲》和独一无二的5首四重奏。

周镜就是这样，永远孜孜不倦追踪前沿科学，同时不失时机丰富自己的综合修养，成为学识渊博、有胆有识的学者型专家。因为，他在不倦学习和理解大自然的过程中，具备了虚怀若谷的谦虚精神。

晚年的周镜，为了让自己能掌握更多的知识信息，保持不落伍的进步状态，还习惯于和年轻人探讨学术问题，乐于向学生请教。李博深从英国博士毕业，翻译了一本书，周镜一看，是西方学校研究土木专业的。他很惊喜："这个有用啊！"赶紧跟学生讲，"我拿来看看啊，不懂的，我还要向你请教呢！"当时李博士特别不好意思地说，"您太谦虚了。"周镜摆着手："我年龄大了，关于互联网、电脑等知识，赶不上你们的。"后来，他认真看完了这本书，他说："这本书上面介绍了理论、试验方法等等，这些和我们国家不一样，李博士给我的那套书对我启发真的很大。"

那天采访时，周镜从包里拿出一张报纸。

他介绍道：今天我带了一张《中国科学报》，这是2021年12月14日的，这篇文章《学科"交叉"比交叉学科更重要》，讲的是学科交叉和交叉学科，我就想我们的土和地质怎么联系，这目前还是空白。这篇文章有不少新观点："无论什么学科都不能自我封闭""科学技术的发展要不断从邻近和相关学科汲取营养，才能发展繁荣。这样说来，强调学科交叉比建立交叉学科更重要。"这些带有哲学色彩的观点，我还要好好思考。

铁科院保存着一份珍贵资料，上面是周镜院士《提高我院知名度的建议》：

> 最近，院领导谈到要提高我院在国内外知名度。我院现正筹建高速铁路轨道技术国家重点实验室、高速铁路系统试验国家工程实验室等国家级基地。我院成立于1950年，是建国后最早成立的科研单位之一，享有较高的知名度。改革开放以来，由于市场化和体质的改变，与兄弟部门的科研院比较，在科研创新发展这方面有所滞后，应迎头赶上。
>
> 建院早期，院领导提出的出成果、出人才的要求，仍然是为国家经济建设服务和提高我院知名度的关键。出成果和出人才二者相互依存，但在市场经济的今日，除去必须有先进的试验基地和人才外，还应利用现代信息媒介宣传介绍我院的成果、人才，为此提出以下几点建议，供院领导参考：
>
> 1. 成果建档，公开发行。学习日本铁研，分大专业，统一地将科研试验、检测、研究报告编辑出版，与国内外交流。
>
> 2. 要求科研人员在国内外知名专业期刊发表论文。我统计了《中国铁道学报》2005年和2006年两年12期刊登的302篇论文中，我院署名的2005年有9篇，2006年有5篇，共14篇，实在太少了。

3. 积极组织召开国际和国内的专业学术研讨会，可与学会合作。

4. 积极组织我院科研人员参加国内外专业学术会议。

5. 在上述活动中，院、所领导在经济上和时间上宜有安排。

我认为，通过上述活动，不仅能推动科技人员的主动积极性，也有利于使我们的工作接受社会的检查，树立我们的名牌。

铁科院的领导说："这是周院士前几年的建议，我们非常赞同，拿出去发表在了报纸上，为的是让更多人了解，也是监督我们的工作。我们采纳了周院士的建议，工作有序积极推进。"

就是这样一位将近百岁的老人，他的心里始终念兹在兹，惦记着中国铁路的发展，希望铁科院做大做强。

是啊！半个世纪过去了，那一条条铁路，一块块岩土路基，仿佛还浮现在眼前。而眼下他最关心的是高铁建设。

高铁梦，成了他铁路建设梦想的升级版。他说："现在高铁路基，因为沉降要求很严，采取的是桩网结构，桩和网组成的一个路基结构。这个结构，是我们最早在资料上查出来的，知道了日本对这个结构怎么设计，它的设计规范是什么，德国、英国的设计规范是什么。我们就拿这些项目资料阅读、比较，最早引进来。"

单位的同事回忆说："当遇到一些问题了，我们向他请教，他能从理论上给你解释。这样就是好多问题能够深化和提高。为什么说我们跟周先生学习提高得比较快呢，和他本身的水平高以及他的工作作风有关系。我印象比较深刻就是在高速铁路开始大规模建设前，他进行了前期研究，他参与了青藏高原冻土路基工程方面的咨询。京津城际高速铁路、郑西高速铁路、武广高速铁路，都是无渣轨道300公里以上的要求，按照规范要求沉降量更严格了，在这些高速铁路当中好多科研项目，周镜都参与了咨询和立项工作。特别是京津、郑西、武广等建设过程当中遇到了一些技术问题，他都参与了咨询和解决。参与了京沪高速铁路的设计规范和建设科研项目的审定咨询工作，付出了大量心血和汗水。"老骥伏枥，志在千里。不待扬鞭自奋蹄。就是晚年周镜的真实写照。

"我们去现场，觉得怕辛苦不让他去，但是我们把现场带回来的一些疑问跟他一说，他马上就能给出管用的解决办法。我们根据他提的建议再跟现场比较，也确实就是这么一回事。周院士的经验主要来源于两个方面：一方面是直接到现场去观察，然后在试验室里面做试验。另一方面就是来源于经验，我觉得还有一个是和他土力学基础理论功底深厚有关系。如果要是理论不深厚的话，有些现象就不能以逻辑分析推导出来。记得在秦沈线，我们在那边搞软土试验，发现一个现象，就是软土填完以后，沉降过了都稳定了，可是到了第二年春天，它又发生变化了。我们不明白怎么回事，就把这个问题跟周镜院士请教。周院士说，你们想想，这个土实际上跟水位变化有关系。后来我们在现场就发现了问题出在哪了，发现高速铁路路基和水位变化有关系。我们再做其他的项目时就把周围的井封了不让抽水。我们很佩服他，他想问题很全面很细致。"

的确，铁路路基，多像一个大地上向前无限延伸的长长舞台，这是周镜一生的事业舞台，更是他情注一生的牵挂。每当看到新资料，国外杂志上的新观点，他都如获至宝，复制下来，给年轻的同事作参考。他只要发现有用的信息或者有了新的研究想法，周镜都会无私地奉献出来，并在第一时间，跟一线的工作人员进行探讨交流。岩土工程事业部的研究人员也都高度重视，跟着他对这些资料深入研究。

年轻的同事一说起周镜院士，满是钦佩和敬仰："我觉得他这个人就像一匹不知疲倦的老马，为我们岩土工程事业一直在奋斗着。他经常

周镜传

给我们查阅国外资料，查阅国际上最新的一些岩土工程的动态。特别是地基处理，路基有些什么新东西，把这些东西拿来资料及时给我们。然后让我们参考、指导我们工作，特别在高速铁路处理深厚软土办法，就是桩网结构这方面，他给我们提供了大量的国外的一些资料，让我们在这个工作当中好利用。在京沪高速铁路上专门有桩网结构的研究课题，这个课题取得了还是比较好的成果。"

一天，他拿着"高速铁路建设中如何处理好地基桩网"资料到岩土工程事业部，跟研究人员讨论交流。

周镜问："最近《岩土工程》看见了没有？他们好像把温州的桩网现场测的结果发表了。你们有这个完整的数据吗？"

工作人员回答："有，铁四院有个报告。"

周镜："测试的有吗？"

工作人员说："有，还是加的土工格栅。在温福线测了两个，测的具体结果跟我们算得还是比较接近。验算算出来的结果，两个还是在一定范围之内。"

周镜满意地点头，露出满脸的欣慰。是啊，长江后浪推前浪，岩土研究必须后继有人。

商量完工作，出门时他与大家一一握手道别。老人手里拎着布兜，脚上穿着旅游鞋，脚步从容稳健地走在院子里。有年轻人停下脚步跟他打着招呼，问候着，他微笑点头，和蔼地说着，"你们好！你们好——"然后平静地向前走去。

在人生的道路上，在事业的道路上，在学术的道路上，他从没有停下脚步。

第十一章 延伸,永远的路基

硕果,心血凝成的颜色

1999年,周镜在《岩土工程学报》上发表学术论文《岩土工程中的几个问题》,阐述了他对我国岩土工程发展的见解与认识。那时,他正担任秦皇岛到沈阳客运专线路基综合试验项目专业组组长,指导高速铁路中有关基床结构、填料改良和软弱地基处理的科研测试工作,同时还积极参与京沪高速铁路前期工作中有关路基土工技术问题的探讨。

周镜先生虽已年逾古稀,但他工作起来仍然像小伙子一样充满朝气与活力。为中国铁路奋斗大半生,终于迎来了中国高速铁路发展的曙光,周镜的心情是用任何语言都无法形容的。撸起袖子加油干!但依然是一丝不苟,严密审慎。这是对中国高铁事业的赤子之情啊!

1999年,周镜主编的《高速铁路工程》一书出版发行,此时,全国的铁路已跨出了全面提速的第一步,真正意义的高速铁路建设也已拉

周镜院士部分论著

开了序幕。有关我国铁路客运向高速化发展的方向，国家已明确支持，并已逐渐形成广泛的社会共识。的确，社会各界对于修建高速铁路十分关心，表现出了极大的热情。

中国要不要修高速铁路？要修什么样的高速铁路？高速铁路都有哪些关键技术？其主要特点是什么？高速铁路究竟有哪些优越性？高速铁路在国家综合交通运输体系中处于怎样的地位？发挥什么样的作用？高速铁路的经济效益和社会效益怎样？等等，这些都已成为当时的热门话题。

周镜主编的这本书，围绕人们所关注的我国高速铁路建设的热点展开话题，以历史和人类科技发展的广阔视野，为读者展示出一幅当代高新技术应用在铁路建设中的壮美图画。书中简要回顾了世界铁路发展所走过的辉煌历程，重点讲述了"什么是高速铁路""它是如何运行的"

等问题。向读者介绍了线路工程、桥隧建筑、机车车辆、牵引供电、通信信号、自动控制、运营管理、路网规划等有关高速铁路建设的各个方面的科技知识。透过一个个生动的实例，读者不仅能了解有关的铁路技术和基本原理，而且还能了解其历史发展的轨迹与现状，了解许多相关领域的高新科技知识，进而能使读者进一步认识到交通强国、科技兴国对于一个国家的经济和社会可持续发展的重要性。还通过大量国外高铁建设运营情况的介绍，为国内高铁建设提出了专家的意见和建议。

20世纪末出版的这本书，对于中国高速铁路建设，铁路事业的发展具有前瞻性的意义。

书中对现代化铁路火车站有这样的描述："为使旅客方便和节省时间，现代化的旅客车站在设计上和设施方面都和现在的车站不同。车站建筑结构多层化，考虑到高速铁路与城市公共交通线路的衔接，尤其是城市有轨交通（含地下铁道）系统的衔接，使各类交通方式按高差在同一车站内置于不同层次，以实现联运，为旅客提供便捷快速的换乘条件。一些发达国家修建了连接航空港和高速铁道车站之间的快速有轨交通，建成机场、铁路、高速公路合一的综合交通枢纽。法国的TGV高速列车与巴黎戴高乐国际机场、里昂沙多拉斯机场相遇。在大城市换乘常常不在一个车站，此时车站备有专门免费的交通工具为换乘旅客服务。"

对于售票方面，书里这样写道："方便旅客的另一个措施是自动售检票和客票预约系统。能出售全票、半票、单程或往返票等多种票价的车票。可使用硬币、纸币、信用卡。专为通勤和学生使用的月、季、年定期票具，有通过自动检票机2000次而不损坏的特点。铁路客票预售系统是一种行之有效的服务方法。1993年日本在全国范围内预售铁路、船票和汽车席位。欧洲铁路售票系统，现已形成互联网泛欧铁路客票预售网。泛欧铁路客票预售系统可为欧洲14个国家的旅客提供服务，并与3500多台终端机连接，可以从欧洲各地办理各国国内旅客快车、特

周镜传

快、国际旅客快车的客票预售业务，仅需几秒钟的时间。"

接着，周镜给读者描述着舒适满意的旅行，应该是这样的："列车是旅客在旅途中的家，要使旅客在车上和在家中一样的方便，还要使不同的旅客能在车上阅读各类信息或从事商业联系活动，充分利用旅行的时间。高速列车具备一系列良好的旅客服务设施，包括：车厢具有良好的气密性；性能优良的空调系统；密闭式的卫生集便装置；自动控制的车门系统；旅客无线电话；座椅上的视听系统；旅客信息显示系统；特种服务的会议沙龙；家庭旅行的专用包间；婴儿服务室；设置残疾人专座；环境优雅的酒吧车和餐车，等等。"

当我们看到周镜院士20多年前给大家描述的高铁模样，和今天对比，令我们非常吃惊！我们惊呼，真的是这样，书中描绘的场景今天都一一实现了！

20多年前的诗意想象般的描述，在今天都一一变成了美好的现实，我们不得不佩服，中国铁路人的智慧和力量！我们更不得不佩服，周镜先生建立在对高铁技术长期关注研究基础之上的远见卓识与先见之明！

中国高铁，从最初的"一张白纸"到"四纵四横"再到"八纵八横"的高铁网络，中国高铁的持续健康发展，不仅改变了中国的交通格局，深刻影响着经济、政治、文化等各个领域，也改变着中国人的生活、思维与观念，时代列车正引领中国跨入一个全新的高铁时代。

高铁线路，由过去星光点点汇聚成现在耀眼高光，其发展历程可谓跌宕起伏。从2008年时速350公里的京津城际到今天的高铁成网和"公交化"运营，仅仅十几年时间，中国高铁从无到有，逐渐以点到线、连线成网，形成了世界最大、最高效的高铁网络。经过"乘风破浪"的发展，中国高铁凭借完全自主知识产权的多项技术成为中国崭新的"国家名片"和"形象大使"，实现了从"追赶者"到"领跑者"的华丽转身。

截至2022年底中国高铁运营里程突破4.2万公里，稳居世界第一。

第十一章 延伸，永远的路基

今日中国，从林海雪原到江南水乡，从大漠戈壁到东海之滨，高铁跨越大江大河、穿越崇山峻岭、通达四面八方，已覆盖全国92%的50万人口以上的城市，中国铁路人，正在以智慧与汗水书写着"勇当服务支撑中国式现代化建设火车头"的壮美华章。

岁月不居，初心永在。

新时代的车轮滚滚向前，高速铁路网遍布神州大地，中国高铁靓丽的名片令世人惊叹。这一切的一切，都离不开中国铁路人"咬定青山不放松"的执着努力，都离不开中国铁路人一代接一代的埋头苦干和默默付出。他们在新时代的号角声中，以逢山开路、遇水架桥的坚定决心，以滚石上山、爬坡过坎的顽强意志，在不断攻坚克难的砥砺前行中成就了伟大的事业。

领跑者自有更为远的远方。站在新的起点上，未来的高速铁路，该怎样发展？仍然需要前瞻性的战略思维。早在2008年，周镜做客腾讯网，漫谈高速铁路。对未来的铁路发展，这位老人的想法依然是那样超前：

主持人：速度能不能更高呢？

周镜：有一个，作为一个方案，现在还没有做过，人家在市内也做过实验研究了，就是所谓的管道运输。

主持人：什么是管道运输？

周镜：一个管子，我们说运油、运水，假如一个密封管道，我也可以在里面运货。

主持人：和输油管道的原理一样吗？

周镜：原理不一样，也就是在管道里面运货，它是利用什么呢？利用真空。假如我们在这个管道里面铺一个钢轨，上面有一个车，我这个管道也分成一截一截，我这一截一抽真空，后面的空气

周镜传

一进来，那么这个空气就可以推着你这个车子，因为你前面是真空，这个空气要进来，它就可以推着你的车子往前面走。

主持人：这个等于是一个崭新的理念？

周镜：这个作为一个运输工具来讲，应当讲，已经在应用了，比如说在美国国会里面，图书馆，它不是用人，比如我要拿本书你给我送过来，也不是用车子推，它就可以用管道，在管道里面通过压缩空气直接拿这个运过来。

主持人：那怎么个运法？

周镜：也就等于说我刚才讲的，假如这个车子在里面，我这个是真空。成真空那边有空气就可以让你推过来了，摆在车上面。

主持人：比如说你想送到什么地方，那么这个真空这个段就到你要送的那个位置。到时候把这个打开自动地就过去。

周镜：到停站的地方，那边压缩空气给你一个阻力，你慢慢慢慢就可以停了。因为太详细讲涉及太技术性的问题了，它这个是在美国运输，在苏联做煤矿运输也用了这个技术。美国想利用这个，做真正铁路运输。华盛顿、纽约、波士顿现在要再修高速铁路，它有几个方案比较，当然最后还是采用我们现在常规的高速铁路。这个就涉及很多问题了。瑞士他们已经做研究了，因为瑞士这个城市都在山里面，所以城市之间他们有一个计划，就想用地铁，就像我们现在这种，就是运输，因为它都在山里面，他就打隧道，在隧道之间用管道连起来，整个都用管道。所以他们就提出一个，这个车子停下来在轨道上，在运行的时候，磁悬浮，而推动它不用磁，不用电磁来拉，而是用真空，速度可以达到1000公里。

科学家是严谨而审慎的，但科学与艺术一样，同样最需要想象力。是啊，如果这一设想能够实现，那么列车就真正成为地上（实际是地下）

飞机了。周镜说:"神话小说《封神榜》中的神仙们都有上天入地的神通,一直为世人称羡。那么不久的将来,所谓千里眼、顺风耳、上天揽月、下洋捉鳖等神话中的幻想都将成为现实。如果高速管道列车能付诸实现,那么人们在地下将以接近 1000 千米/小时的速度运行,远远超过土行孙的幻想了。"

难以令人置信的美好设想,且我们一边遐想,一边期待。

周镜传

70 载情系铁科院

1950年的春天,铁科院作为新中国成立最早的行业综合性科研机构,开启了引领中国铁路科技进步的光辉历程。

一代又一代的铁科人,始终以振兴中国铁路为己任,矢志报国、科学求真、勇于担当、创新图强,在不同的历史发展年轮里,实现了凤凰涅槃般的超越,铸就了铁科人引以为荣的辉煌历史,孕育了底蕴深厚、薪火绵延的优良传统,积淀形成了铁科人的文化基因和精神品格。

在改革创新的征程中自强不息,踏着时代的节拍奋进不止,铁科院一路攻坚克难、砥砺前行,为中国铁路劈波斩浪锻造科技之剑,用勇气与汗水书写和铸就各个时期的辉煌与荣耀。

周镜院士为百年钢轨展揭幕

第十一章 延伸，永远的路基

这天，我们漫步在铁科院企业文化园，参观百年钢轨展，当周镜院士手拿检点锤，敲响一段悬挂着的钢轨，宣告展览开始。

幽静的花园，金黄的树叶，鲜艳的花朵，时隐时现的猫咪……让这个小小的园子有一种别样的格调与惬意。

100根钢轨，跨度120多年。我们看到最老的钢轨——1896年英国巴罗赤镁矿钢铁厂的钢轨；中国自己制造的第一条钢轨——1901年汉阳铁厂的产品"汉阳造"钢轨；到百花齐发时期——2019年攀钢生产的钢轨。光阴在轨面上流淌，正是这延伸的钢轨铺成了我国恢宏壮阔的铁路网。

一个多世纪以来，中国的铁轨从完全依靠从国外进口，到自主研发、设计和制造，再到如今高铁运营里程居世界第一。百年铁路发展历史，百年钢轨，像铺展在大地山川之间的竹简，见证着中国铁路的荣辱和沧桑，记录着我国铁路发展的不凡历程，更辉映出中国铁路的辉煌未来。

哦，钢轨，这些有着文物属性的钢轨，就这么静静地躺在这里，我们仿佛还可以听到当初道钉锤锤敲击它们时发出的叮叮当当的悦耳之声，火车经过时发出的铿锵之音，风吹雨打中它们发出的钢铁般的誓言……啊，钢轨，它们又还有多少故事想要和我们诉说呢？

中国"龙号"机车，亲切的绿皮车，京奉铁路界碑，信号灯、老站台、老车站，绿色的长廊、金黄的银杏树，老院长茅以升先生肃穆的铜像……

这一切都沐浴在阳光下，惬意而温暖。漫步在这里，我们仿佛穿行在钢轨铺就的时光隧道，从历史走到了今天，从今天望见了未来。

有人说，旅途的革命是从购票的革命开始的。亿万百姓从过去的排长队购票到今天的手机上网购票，这其中凝聚着多少铁科人辛勤的汗水啊！我们走进铁道科学研究院电子研究所，著名的中国铁路12306客服

周镜传

网,就在这里。如今提起它,很多朋友都非常熟悉,这可是一个无比庞大的家族,近10亿人的"户口"在这个家族里。大家在手机和电脑上轻松点击就可以购买火车票,省去了起早贪黑挤在售票窗口排队的劳累。

长江后浪推前浪,科学更有后来人。周镜院士当年对铁路售票的设想和期待,如今都已经成为现实。

今天,这个宏大的火车票发售和预订网络,单日售票达2000万张以上,高峰时每秒出票量达1300张,年售票量超过40亿张,占中国铁路售票量的85%以上,单日最高可达到90%以上。这些车票首尾相接可以绕地球9圈,名副其实的世界上规模最大的铁路互联网票务系统。如今,我们可以足不出户,在电脑上、手机上,用手指轻轻一点,几秒钟,就买好火车票;火车票已经实现了无纸化,凭着手机、身份证或者一张脸,就直接进站,乘上列车,去远方。

是啊,近年来,作为铁路战略科技力量,铁科院集团公司全过程参与和见证着中国高铁从追赶到领跑的奋进足迹——

半个多世纪的奋斗史,铸就今天的辉煌。特别是党的十八大以来,铁科院更加注重发挥铁路科技创新的骨干、攻坚克难的尖兵、产业化发展的平台作用,行业技术服务、科技创新质量和水平得到全面提升,成果转化规模效益不断溢出,科技创新基础日益加强,为铁路安全稳定、改革发展提供了强有力的科技支撑,有力推动了中国高铁持续领跑世界。

还有更多鲜为人知的重要项目在默默运行。国家级川藏铁路科研立项策划,系列化复兴号动车组项目行业牵头,大西、京沈、浩吉等铁路综合试验中成果丰硕。这里还相继组建成立动车组和工务技术中心、铁路检测中心、安全研究中心、检验认证中心等直接服务铁路工作的专业技术机构,高质量地完成了日常基础设施检测和新线联调联试任务。加强铁路信息化、智能化建设的服务支撑，构建起全球访问量最大、交易量最大的 12306 实时票务系统和 95306 货运综合服务平台，开发了编组站综合自动化系统、运营调度管理系统……此外，铁科院还注重铁路国际科技交流合作，内引外联，走出去，请进来，有力提升了中国铁路国际影响力。

铁科院牵头组织研制了时速 350 公里、250 公里、160 公里以及智能型复兴号中国标准动车组。面向智能铁路前沿，深入开展智能建造、智能装备、智能运营等关键性技术攻关，并在京张高铁、京雄城际铁路成功应用，其中自主研发的时速 350 公里 C3+ATO 自动驾驶系统首次应用于京张高铁，为交通强国建设提供科技助力。基础理论研究持续深化，轮轨关系、噪声控制、金属材料服役等重点课题深入开展；前瞻技术研究不断突破，确立时速 400 公里动车组顶层技术标准，具有减重降耗特点的永磁牵引、碳陶制动盘等新技术、新材料研究取得重要成果，大数据、北斗等新技术与铁路业务融合创新不断加强。这里还建成亚洲最大的环行铁道试验线和高速铁路系统试验国家工程实验室等 10 个

中国铁道科学研究院集团有限公司大门

周镜传

国家级科技创新平台，以及高速动车组列车和大功率机车整车实验室等50多个高水平专业实验室，极大地改善了科研条件、优化了综合试验手段……

历经70多年发展，如今铁科院已发展成为具有轨道交通关键技术创新能力，集科研、开发、生产、咨询等业务于一体的轨道交通高新技术企业集团，成为服务中国铁路现代化发展的多学科、多专业、综合性的战略科技力量。

如今，聚焦铁路应用急需和未来发展，强化川藏铁路科研攻关，深化智能铁路科技创新，不断推进时速400公里复兴号动车组技术标准体系研究，站在新的历史起点，铁科院已将目光投向更高、更快、更强的目标，让我们看到了更为迷人的远方。

周镜院士谈起铁科院的发展，欣慰而自豪地频频点头。他反复说，自己很幸运，在人生的晚年享受到了新时代国富民强的幸福生活。

第十一章　延伸，永远的路基

延伸，一条永远的路基

"岩土工程还是一门很年轻的学科，需要不断积累经验。可是你们又绝对不能凭经验，它是和区域、地貌、地质、水文、气象、气候等有很大关系的。它是一门综合学科，我们的知识面必须要广。需要跨学科学习，开阔视野，拓展学科边界。科学技术是应用技术，必须要有团队精神，一个人的作用非常有限，不要把自己看得太高，我的这些经验，不单单是我自己的，是包括了很多人的，比如卢肇钧、杨灿文等等，这些经验和体会都是大家的……"

这一天，年近百岁的周镜院士，站在黑板前，用颤抖的手拿起粉笔，在黑板上给我们描画、讲解着他的理论要点。我们激动地纷纷拿起手机拍照，惊讶于他的超强记忆力和自如的表达。这哪里是一位鲐背之年的老人啊！在他面前，我们只觉得高山仰止，只觉得虽不能至，心向往之！除了敬仰还是敬仰。

他用深入浅出、通俗易懂的话语，给大家讲述那些高深莫测的理论，让外行的我们都能听懂。其实这不是我们的理解力有多强，而是周镜院士把书读薄了，他能够轻松自如地将复杂的科学问题转化成百姓都能领会的浅显易懂的语言。我们像听故事一般，听他娓娓道来的讲述，感知他的脉搏与心音，甚至与他一起亢奋与蒸腾。

"土地具有母性的力量，它无条件地滋养万物，当我到人迹罕至的崇山峻岭间，亲手触摸纯净的泥土时，那是温暖的，感觉它给了我一种力量，我对土地始终充满了崇敬。我觉得应该继续工作来回馈大地。那些烂泥地、淤泥、海泥、盐渍土、沙化土等等，蕴含了各种颜色，虽然给我们的工作带来了很大的困难，但它们质朴、纯粹，当我手捧着它们时，感觉它们像小婴儿，需要我们去呵护、关爱和保护。生活就像这片

周镜传

土地,承载着每个人不断成长。"

"人类生生不息离不开土地,时时刻刻都和岩与土打着交道。放眼望去,绵延的万亩良田、宏伟的高楼大厦、富丽堂皇的地下建筑,长堤大坝、千里运河、万里长城这些璀璨夺目的人类创造都与岩土息息相关。我们不能把岩土看成冰冷的、坚硬的、固定永恒不变的物质,而是应该给它赋予生命的形象。"

恩格斯对于生命的诠释:"生命首先就在于生物在每一个瞬时是它本身,但却又是别的什么。"那么对待岩土工程,也应该树立一种变化的观念,同时尊重它,热爱它。

这就是周镜院士对泥土、岩土的认知与思考,也是他的人生哲学。

《中华人民共和国铁路技术管理规程》的第31条这样写着"路基必须填筑坚实,并经常保持干燥、稳固及完好状态"。

周镜院士,就是一条"路基",在使祖国通向美好未来的大路上作出了自己的贡献。他以一生的勤奋笃学,把自身"填筑"得很"坚实",他的学问、工作态度、敬业精神都没有任何"水分",始终保持着自己的冷静与"干燥"。他的科研精神与人格风范就是一条永远的路基。

周镜,七十多个春秋,在岩土工程领域深耕细作,像愚公一样挖山不止,终成大器。

黄土地,黄皮肤,我们能够想象,他对祖国大地的赤子之心。通过周镜院士的研究,让我们不得不对司空见惯的土壤刮目相看,土壤之中可能蕴藏和浓缩着这颗星球上所有的秘密和基因密码。这些看似普通的土壤,它们有那么多的种类,那么多的颜色,那么多不同的特性,那么多的力学命题……人类所有建设在大地之上的人文建筑和交通设施,又有什么能够离开对土力学的研究与应用呢?所以,周镜院士他们做的是真正意义上的基础性的大朴不雕、大象无形的大学问。他像一粒沙,融入这片土地,他如一滴水,融入时代的海洋。他把自身的力量与大地深

第十一章 延伸，永远的路基

2023 年 12 月 21 日，周镜院士 98 岁生日，中国工程院原副院长、中国工程院院士何华武专程看望

沉无边的伟力融为一体；他把涓滴之力汇入祖国和人民事业的洪流，激起了如此动人的美丽浪花！

今天，当中国铁路可以自豪地告诉世界，中国已系统掌握各种复杂地质及气候条件下高铁建造成套技术。这其中，有多少中国铁路人筚路蓝缕，一代一代的接续奋斗！

我们在新年钟声即将敲响的时候，与 98 岁的周镜院士相约采访。他笑容满面，依然保持着"90 后"的学习冲劲，依然意兴盎然地关注着学术前沿，依然念念不忘致力于青年才俊的培养，依然关心着国家的前进和铁路行业的发展走向……

这是一位世纪老人的脉脉深情！

这更是一位华夏栋梁之才的精气神！

后记 人生的功课

周镜先生和他的同事们是让共和国铁路在大地上站稳脚跟的人。

的确,铁路岩土工程是周镜先生的人生课题。而三年来参与中国铁道科学研究院周镜学术研究课题,为先生撰写一部传记,也成为笔者文学创作的一个重要课题。

半个多世纪以来,周镜先生如拓荒牛一般,沿着新中国纵横伸延的钢轨,在祖国大江南北耕耘、开拓,为中国岩土工程的发展作出了重要贡献。

对作家而言,没有什么比接近一个高尚的灵魂更有意义的事情了。怀着对铁路科技大师的崇敬,我们有幸走近先生,在深入的交流中进入彼此的内心。慢慢地,我们理解了优秀中国知识分子意志的力量与智慧的高度,我们触摸到一位科学家的拳拳爱国之情,我们领略了谦谦君子真正的内涵。

作为读万卷书、行万里路的大地之子,周镜先生由内而外散发着自然大美的光芒。他的言语如春风拂面,沁人心脾。每当谈起他研究的专

周镜传

业领域，年近百岁的老人面颊红润，眼眸一闪一闪地发着光，那是他的思绪在大脑中高速运转时碰撞出的灵感火花，那是洞悉万物的智慧之光啊！每当那一刻，先生眯起眼睛，陶醉其中，犹如音乐家沉浸在美妙的旋律中。

采访写作最大的难度，是先生很少说到自己。他谈得最多的是他的导师、同事和学生。是的，铁路科学工作者团队，像钢轨一样挺起民族交通业的脊梁，他们以生命之光照亮中国铁路的飞速发展之路，他们以与时俱进、精益求精的专业追求诠释着"科学技术是第一生产力"的深刻含义。他们是当之无愧的国之栋梁！

胸怀天地，恒河数沙。在周镜先生眼中和心中，土地作为万物生命的产床，是怎样壮美深邃的一部大书啊！周镜先生心中的自己，像厚土中的一粒沙那样普通。当我们轻轻拂去时间的尘埃，看到的是一粒金，一颗钻石。随着采访交流的深入，周镜先生近百年的人生画卷，在我们眼前鲜活、生动起来。我们笔下的灵感，亦若峡谷中的激流飞扬起来。

新时代，新征程，中国铁路科技工作者重任在肩，时不我待。周镜先生最令我们感动的，是作为一位年近百岁的老科学家，依然孜孜不倦地关注着岩土工程技术领域的世界前沿，床头和书案，是一摞一摞的科技期刊和学术论文，他时刻关注着世界——这个飞速旋转的小小寰球。

我们有幸以笔下的文字向周镜先生致敬，完成一个重要的文学创作课题；相信读者朋友更能从不同的方位与视角，领略先生的坦荡胸怀与思想之光。

在本书的写作和出版过程中，特别感谢周镜先生逐字逐句地核校文稿，感谢铁科院上下的高度重视，感谢《周镜院士学术思想研究》课题组的帮助与支持。

中国工程院原副院长、中国工程院院士、原中国铁路总公司总工程师何华武先生饱含深情为本书作序，在此深至谢忱！

最后，衷心感谢人民出版社和编辑老师们对本书的辛勤付出！

作　者

2023 年 12 月于北京

责任编辑：杨瑞勇
封面设计：徐　晖　姚　菲

图书在版编目（CIP）数据

周镜传/中国铁道科学研究院集团有限公司 编著. —北京：人民出版社，
　　2024.6
（中国工程院院士传记系列丛书）
ISBN 978-7-01-026515-5

I.①周… II.①中… III.①周镜-传记 IV.① K826.16

中国国家版本馆CIP数据核字（2024）第081412号

周镜传
ZHOU JING ZHUAN

中国铁道科学研究院集团有限公司　编著
李木马　黄丽荣

人民出版社出版发行
（100706　北京市东城区隆福寺街99号）

中煤（北京）印务有限公司印刷　新华书店经销
2024年6月第1版　2024年6月北京第1次印刷
开本：710毫米×1000毫米 1/16　印张：14.5
字数：182千字

ISBN 978-7-01-026515-5　定价：68.00元

邮购地址 100706　北京市东城区隆福寺街99号
人民东方图书销售中心　电话（010）65250042　65289539

版权所有·侵权必究
凡购买本社图书，如有印制质量问题，我社负责调换。
服务电话：（010）65250042